精准识人术

陈清宇
著

上海交通大学出版社
SHANGHAI JIAO TONG UNIVERSITY PRESS

图书在版编目（CIP）数据

精准识人术 / 陈清宇著 . -- 上海 : 上海交通大学出版社 , 2023.5
ISBN 978-7-313-28156-2

Ⅰ . ①精… Ⅱ . ①陈… Ⅲ . ①心理交往 – 通俗读物
Ⅳ . ① C912.11-49

中国国家版本馆 CIP 数据核字（2023）第 060277 号

精准识人术
JINGZHUN SHIRENSHU

作　　者：陈清宇
出版发行：上海交通大学出版社　　地　　址：上海市番禺路 951 号
邮政编码：200030　　电　　话：021-52717969
印　　刷：唐山富达印务有限公司　　经　　销：全国新华书店
开　　本：690 mm × 980 mm　1 / 16　　印　　张：14
字　　数：189 千字
版　　次：2023 年 5 月第 1 版　　印　　次：2023 年 5 月第 1 次印刷
书　　号：ISBN 978-7-313-28156-2
定　　价：48.00 元

前　言

一个人能否获得成功与幸福，很大程度上取决于他与人交往的能力，而与人交往的能力，首先体现为识别人心的能力。

据《清史稿·曾国藩传》记载，曾国藩每次见人，都要静观默察，暗自评判对方的优劣，并记录下来，几乎从无差错。（“每对客，注视移时不语，见者悚然，退则记其优劣，无或爽者。”）见一面就能判断个八九不离十，目光如此犀利，怎么可能不位居众人之上?

古往今来，为了识别人心，人们做过种种尝试，如颅相学、体液说、血型说、笔迹学、心理分析学、身体语言学等。尽管这些方法各不相同，有的甚至牵强附会，但都有值得借鉴的地方。比如，曾国藩有一个识人口诀：“邪正看眼鼻，真假看嘴唇;功名看气概，富贵看精神；主意看指爪，风波看脚筋；若要看条理，全在语言中。”这与现代心理学的某些成果有异曲同工之妙。

现代心理学对于识别人心，有着更为清晰而且科学的研究。比如，英国心理学家 D.H. 莫里斯（D.H.Moris）发现：人体中越是远离大脑的部位，可信度越大，即越能真实地反映出情绪和性格。面部离大脑最近，最容易控制，也最容易作假，人们往往借助脸部表情来撒谎；手位于人体的中下部位，“诚实度”比脸高，但人们也或多或少地利用它来说谎；双脚远离大脑，大多数人都顾不上这个部位，所以它比脸和手要“诚实”得多。莫里斯由此发现了“脚语”，专门通过脚部动作来分析人的心理。

又如，远在中国汉代，就有“字如其人，识人不如相字”的说法，但真正科学化的笔迹研究，出现于 17 世纪的意大利；而笔迹学专著的产生，更要推迟到

1872年的巴黎。在很多国家，笔迹学早已成为心理学的分支学科，其成果被广泛地应用于医学、人才学、刑事侦查学、公共关系等领域。在法国、德国、美国、瑞士、以色列等国家，许多企业还会通过笔迹分析来选择雇员，进行人事安排。

不管是古代的经验总结，还是现代的心理科学，都在“识人”方面为我们提供了很多参考，值得我们借鉴。

修订版·自序

本书早在2005年已出版，之后多次加印，得到了读者的认可。各方屡次催我增补内容，或者出续集，总之使其成为“识人”方面的“大辞典”，即所谓“终结版”。可是，我当时身在英国，工作和生活上的压力都很大，奔走于英国、中国与日本之间，查资料、访师友，无法分身。

2007年，凤凰卫视的朋友邀请我参加访谈，主题是“识人”的科学性以及具体方法。我谢绝了。原因主要不是时间和行程问题，而是出于学术上的顾虑。

人是非常复杂的。虽然我们可以根据自己的经验，以及学术研究的成果，对一个人进行判断，但并不能保证百分之百的准确性。衣着、打扮、言行等外部特征，的确可以粗略地“透视”一个人——否则我就不会写这本书——但这种“透视”能力是有限的，千万不要绝对化、教条化。

回过头看看这本小书，虽然觉得有很多不足之处，但我还是感到欣慰。相对于书斋和实验室里的冷清，广大读者的认同让我倍感温暖。作为一个专业研究者，能对书斋和实验室之外的现实生活有所帮助，哪怕是一点点，也是令人愉快的。

是为序。

陈情宇

目 录

contents

第一章　神情态度：从五官看三观　/ 001

第一节　眼神　/ 002

第二节　眉毛的动作　/ 004

第三节　鼻子的变化　/ 005

第四节　嘴的动作　/ 006

第五节　精神气质　/ 008

第二章　穿衣打扮：穿衣如做人，你参透几分？　/ 011

第一节　外套　/ 012

第二节　衬衫和领带　/ 016

第三节　鞋子　/ 019

第四节　帽子　/ 020

第五节　发型　/ 021

第六节　眼镜　/ 023

第七节　化妆　/ 023

第八节　手提包　/ 025

第九节　手表　/ 028

第十节　首饰　/ 030

第三章　言谈：在交谈中听懂别人的话外音　/ 035

第一节　打招呼的习惯　/ 036

第二节　相互之间的称谓　/ 037

第三节　聊天的场合与主题　/ 039

第四节　口头禅　/ 042

第五节　语速、声调、音色、语气　/ 046

第六节　说话习惯　/ 052

第七节　谈吐幽默的人　/ 061

第八节　说谎者的症状　/ 062

第四章　举止：坐有坐相站有站相真的有讲究　/ 063

第一节　与人交谈时的姿态　/ 064

第二节　坐姿　/ 076

第三节　站姿　/ 086

第四节　步态　/ 090

第五节　握手　/ 095

第六节　习惯性动作　/ 100

第七节　等电梯时的姿势　/106

第五章　签名、写字和涂鸦：看字迹，这个朋友值不值得交　/109

第一节　签名　/110
第二节　写字　/113
第三节　涂鸦　/117

第六章　休闲娱乐：会观察，篮球场也能变成谈判桌　/123

第一节　听音乐　/124
第二节　阅读与写作　/126
第三节　收藏　/130
第四节　室内活动　/132
第五节　玩游戏　/133
第六节　养宠物、养花　/134
第七节　舞蹈　/135
第八节　体育　/137
第九节　出游　/141

第七章　人际交往：物以类聚　人以群分　/143

第一节　交际圈子　/144
第二节　送礼物的方式　/145
第三节　在 KTV 聚会时的表现　/146

第八章　工作：了解同事，从他的办公桌开始　/ 147

第一节　办公桌物品的安排　/ 148

第二节　名片　/ 151

第三节　主持会议的方式　/ 155

第四节　上下级及同事之间的处事方式　/ 157

第九章　色彩偏好：今天穿黑色，不宜闲聊　/ 165

第一节　黑白颜色　/ 166

第二节　红黄蓝三原色　/ 168

第三节　合成色　/ 170

第十章　从车看人：懂车等于懂甲方　/ 175

第一节　乘出租车的方式　/ 176

第二节　对车的选择　/ 178

第三节　开车方式　/ 180

第十一章　吃饭：吃鱼顺序里也有性格测评　/185

第一节　吃相　/ 186

第二节　饮食偏好　/ 193

第三节　烹饪及三餐习惯　/ 198

第十二章　酒与咖啡：酒品见人品　咖啡识人心　/ 201

第一节　选择什么样的酒　/ 202

第二节　喝酒时的动作　/ 203

第三节　喝酒时的反应　/ 205

第四节　喝咖啡　/ 208

1 第一章

神情态度

从五官看三观

从神态看人，古已有之，曾国藩《冰鉴》里面也有详细论述。比如：刚开始交谈，就忽然转移目光，可见此人毫无诚意；在大家谈笑正欢的时候，他却在一旁冷笑，足见此人冷漠寡情，城府过深，不可交往；别人发表的见解未必妥当，他却连连称好，足见此人胸无定见……（“方有对谈，神忽他往；众方称言，此独冷笑，深险难近，不足与论情；言不必当，极口称是……”）

第一节 眼神

看另一个人的眼神友好而坦诚，而且还时不时地眨眨眼睛，表明他很喜欢对方，没有防备之心。即使对方出现一些失误，他也可以谅解。

目光炯炯有神，眼球稍微凸出，视线朝向正前方时，表示这个人正处于注意力高度集中的状态，一方面对所关注的对象非常关心，另一方面也有防备对方的心理。如果是女性，则通常表现更明显。

眼睛自然张开，微微向上看，双手下垂的时候，表明这个人处于恍惚状态，没有明确的目标，也可能正处于天马行空地自由思考状态。

眼球凸出，眼皮紧绷，眼睛睁得又大又圆，眨眼次数明显减少，视线朝向正前方时，表示这个人此时处于极度紧张的状态，可能遇到一些意料之外的事情，其内心除了震惊外，还有一些恐惧感。有些时候还会不由自主地握紧拳头，这说明他心绪极为混乱。

眼神像水一样清澈沉静的人，一般来说心胸豁达，为人开明，心无杂念，公正廉洁，有赤子之心，与人为善；如果眼神虽然清澈，但是游离不定，那么往往比较奸猾、狡诈。

眼神安详沉稳的人，大多做事稳重、谨慎，非常有主见。

眼神浑浊的人，一般来说比较粗鲁，思虑过多，脾气较急，心烦易怒，处事糊里糊涂。

眼神柔弱的人，很可能缺乏判断力和分析力。

眼神异常深沉，可能是因为对方说的话让他产生了疑问，或是无意中对他造成了伤害。如果是初次见面时出现这种眼神，则可能是早就听过对方不好的传闻，由于先入为主的观念，不信任对方，对对方持警戒的态度。

目光闪烁不定，意味着他心绪不宁、性情浮躁。这类人往往不善于思考，做事比较莽撞，易冲动，可能还有撒谎的倾向，不容易让人产生信任感。

目光着点不定的人，往往情绪极不稳定，焦躁不安，内心深处很可能藏有怨怒之气。

目光非常敏锐的人，往往生机勃勃，精力充沛。

目光尖锐的人，往往工于心计，不容易受言语的诱惑。

眼睛看起来似睡似醒的人，大多善于隐藏自己，老谋深算。

喜欢眨眼的人，感受力强人一倍，有些神经质，常常处于焦虑之中，精神过度疲劳，因此体质比较差。这样的人头脑清晰，处事沉着冷静，很有才能，但是缺乏耐性。

喜欢斜视的人，一般说来心胸狭窄，比较奸诈，心怀叵测，其内心深处总有一种恐惧感。他们既想看别人，又怕被别人发现，所以表现得看似羞涩、腼腆，好像在说："我很害怕，不敢正视你，却又忍不住想看你。"

与异性视线相遇又故意避开，表示这个人很关注对方但有些羞涩。避开对方的视线，除了担心泄露自己的心事外，还比较害怕对方产生不悦，毕竟直视异性是不礼貌的行为。

眼珠转动不停，表示这个人思维灵活但比较紧张。他可能有难言之隐，比如，因为害怕失去朋友而说一些言不由衷的话，对某件事情的真相进行隐瞒，等等。但这样的表情同时也在暗示对方自己的话可信度不高。

眼珠转动快速的人，往往直觉敏锐，分析能力强，能够迅速地将事物看清楚。这类人特立独行，比较情绪化，自我控制力较差，容易受周围环境以及他人的影响。

一般说来感情起伏不大，不容易受他人影响。这类人的协调能力较差。

神情漠然的人，最好离他们远点，因为此时的他们心中充满怒火，像一座火山一样随时都有可能爆发，周围的任何人、事、物都有可能成为导火索。

喜欢盯着对方眼睛的人，大多感觉敏锐，善于洞察对方的心理。这类人心胸比较开阔，有包容之心。做事沉稳，有胆量，但不鲁莽。

第二节　眉毛的动作

眉梢上扬

表示心里极度高兴，也表示很乐意接受对方意的见。

双眉上扬

可能表示极度惊讶，也可能表示内心充满了喜悦。眉毛完全抬高，表示：“你的意见，我真的难以相信！”半抬高，表示极为惊奇。

双眉先上扬，再迅速下降

这种向上闪动的动作，是最常见的一种友好、欢迎的表示，通常还会伴有扬头和微笑，但也可能单独发生。在与人的交谈中，它有时还起着加强语气的作用。眉毛上下迅速活动，大多表示心情舒畅，对他人表示亲切或内心赞成对方的意见。

双眉先上扬，停留片刻再下降

这种动作一般单独发生，多半表示心情悲伤，也可能是对某件事感到惊讶，而且是非常惊讶。

眉毛一条上扬，一条降低

表示心里充满了疑惑，扬起的那条眉毛就像一个问号。

眉毛放低

眉角下拉，眉毛倒竖，表示正在生气，极度气愤。

眉毛半放低表示大惑不解，全部降下表示怒不可遏。

皱眉

眉头紧锁，表示此人很忧虑，处在进退维谷的境地，不知道该怎么办好，非常苦恼。也可能表示他在拒绝对方，对对方的意见持反对态度。一个大笑而皱眉的人，情绪里有惊讶的成分。

喜欢皱眉的人，一般心思较重，总在想这样或那样的问题。这种人做事有条理，善于分析，是个足智多谋、深谋远虑的人。在做一项决定之前，他们会对所有的细节、所有可能出现的问题反复考虑多次，做到万无一失。

眉心舒展

表示心态比较平稳，心情舒畅、愉快。

第三节　鼻子的变化

鼻孔膨胀

与人交流的过程中，如果对方的鼻孔稍微膨胀起来，可能是对方不赞同的表示，或在努力压制自己的情感。通常情况下，人在极度高兴、愤怒或恐惧时，会表现得呼吸急促，心跳加快，鼻孔也会扩大，这是精神亢奋的表现。究竟是基于哪种原因，是因为兴奋还是愤怒、恐惧，要根据谈话的内容、语气、语速等综合考虑。

鼻头冒汗

与人交流的过程中，如果对方的鼻头冒汗，可能表示对方很焦虑或者很紧张，如果是生理方面的问题则另当别论。如果对方是一个商人，在与客户谈判的过程中出现鼻头冒汗的情形，则表示他急于与客户达成协议，如果这桩生意失败，他的损失可能是无法估量的，所以他非常紧张和焦虑，鼻头才会冒汗。如果双方没有利害关系，对方鼻头冒汗，可能表示对方藏有不可告人的秘密，心里非常紧张；要不就是心里有觉得惭愧的地方，良心受到了谴责。

鼻子的颜色发生变化

鼻子的颜色很少变化。如果整个鼻子泛白，表示对方的心里有所恐惧，畏缩不前。如果对方是交易对手，则表示他此时犹豫不决，有某种顾虑，比如：价钱会不会太高？合同书是不是有漏洞？等等。一些人向异性提出爱情告白遭到拒绝时，也会出现鼻子泛白的情况，另外，有些人在迷惑、尴尬不安或有负罪感时，鼻子也会泛白。

第四节　嘴的动作

嘴巴紧闭

这种人往往很沉着，喜怒哀乐从不挂在脸上，习惯隐藏自己。他们的注意力十分集中，做事非常冷静、果断，从不拖泥带水。承担风险的能力强，面对输赢能够淡然处之，有一种超越胜负的精神境界。他们的言行举止颇为小心谨慎，甚至有些杞人忧天。他们为人严谨，即使与朋友在一起，也喜欢保持一定的距离。但他们值得信赖，有秘密也可以向他们倾诉，他们保证能守口如瓶。

嘴巴小而又紧闭的人，往往给人留下胆子小、比较斯文的印象。实际上，他们只是平时言行举止比较谨慎而已，真正遇到大事，他们非凡的胆识和智谋会立即显现出来。这类人遇事沉着冷静，处乱不惊，有大将风度。

张嘴露出牙齿

如果这种动作成为习惯，那么此人很可能性格大大咧咧，有什么说什么，心里藏不住秘密。做事或许会缺乏耐性。

如果这种动作没有成为习惯，只是偶尔出现，那么表示他的情绪突然产生了变化。当一个人对某一事物产生兴趣时，嘴会不由自主地微微张开，而且眼睛下面的肌肉也会放松。当一个人感到异常吃惊时，也会不由自主地张开嘴巴，下巴下垂。

在关键时刻，将嘴抿成“一”字形

性格坚强，吃苦耐劳，具有坚忍不拔的顽强精神。这类人做每件事情都要经过深思熟虑，一旦采取行动，不管遇到多大的困难也不会临阵退缩，所以做事成功的可能性比较大。

舔嘴唇

当一个人内心极度兴奋或紧张的时候，常常会下意识地舔嘴唇。有的人说谎时常常会舔嘴唇，某些犯罪嫌疑人被审问时也会有这种动作。这是因为他们的内心波动非常强烈，而又不得不控制自己，所以生理上就会出现冒汗、下意识地吞口水、口干舌燥等现象。

嘴唇往前突

大多表示心理上处于防卫状态。

嘴唇僵硬或歪斜

表示此人内心焦躁不安，可能遇到了麻烦，身处困境之中。

牙齿咬嘴唇

谈话的时候，常上牙咬下嘴唇或下牙咬上嘴唇，说明他们的注意力集中，分析能力强。尽管行动不是最迅速的，但是只要下定决心做，最后总会成功。

嘴角上扬

性格外向、开朗，心胸宽广，富有智慧。擅长交际，沟通技巧较强，甚至对陌生人也会主动打招呼。给人平易近人的亲切感，善解人意，因而在自己遇到困难时也会得到他人相助。

第五节　精神气质

疏懒的人

有的人看起来很疏懒，可是一旦对某个事物产生兴趣，就会非常痴迷。这样的人往往才思敏捷，目光犀利，能够透过各种现象看到本质。他们有很多奇思妙想，但行动能力有时会有点差，因此，为了能充分地展现他们的才华，最好能有得力的助手辅助他们，将他们的奇思妙想落到实处。

疲沓的人

这种人是典型的“消极主义者”，对生活缺乏信心，常常给人一种有气无力的感觉。这样的人常常言语零碎，可能还有丢三落四的习惯。他们善于谋略，但行动能力差，有时即使是自己力所能及的事，也喜欢求人帮忙。很难搞清楚他们到底对什么事情感兴趣。

沉静的人

性格文静、腼腆，但是很执着。善于思考，做事虽然不快，但能细致入微，有一股锲而不舍的钻研精神。他们看问题比较深入，但因为沉默寡言，常常被人忽略。这样的人兴趣比较窄，很适合做某一领域的专家学者，反而能够更好地发挥他们的优势。

碰到突发事情依然保持平静的人

有两种情况：一种是经过长期的磨炼，比如像指挥官、成熟的领导干部，等等，这样的人能在事态紧急的情况下保持平常的心态，从容、镇定；另一种情况是反应迟钝，对世比较木然，这样的人缺乏昂扬向上的斗志，缺乏开拓精神。

鲁莽的人

性格暴躁，为人单纯，胸无城府。这样的人往往敢说敢做，具有很强的开拓精神，但容易感情用事，好心办坏事。他们很讲义气，对朋友忠心耿耿，能两肋插刀，甚至帮人背黑锅。

大喜大悲而又容易遗忘的人

这样的人往往性情刚烈，心中充满正义感，面对不平能挺身而出，非常勇敢。他们常常因为一时的得失而大喜大悲，情绪波动比较大。这样的人做事大大咧咧，有时会欠缺考虑，很容易鲁莽行事。

满腹牢骚容易动怒的人

这样的人往往容易过度焦虑。性情比较豪爽，表面上粗枝大叶，但内心却很细心温柔。自我意识比较强，不喜欢按部就班的工作，总希望能按照自己的方式去做事。

第二章

穿衣打扮

穿衣如做人，你参透几分？

有的人非常注重打扮自己，而有的人则在这方面比较马虎，但不管怎么样，他们都是有特色的。每个人都是一个世界，有他们各具特色的人生经历，以及林林总总的性格特征。可以说，穿着打扮是一个人的第二张脸。

第一节 外套

衣着华丽

一般说来，这样的人积极乐观，开朗活泼，心地善良，为人直率，有包容心。但虚荣心往往比较强，自我表现欲特别强烈，而且才思敏捷，为了能够突出自己，常常会有一些别出心裁的策划，让人耳目一新。

衣着朴素

这种人大多性格朴实，为人真诚，待人亲切随和，有包容心和忍耐力。勤奋好学，做事稳重踏实，能够客观、理智地判断事物，一步一个脚印，不急功近利。他们一般不会用花言巧语去欺骗和耍弄他人，非常实在，很值得信赖。具有敏锐的洞察力，能够及时发现问题，并有效地寻求解决的最佳方案。

其缺点在于稍嫌软弱，由于缺乏足够的自信心和主动性，常常让本应该属于自己的机会白白溜走。这类女性感情细腻而纯洁，很有主见，做事认真细致，深得上司与同事的信赖。

总体穿着很朴实，但某一部分特别讲究

这种人很可能个性极强，不喜欢一味地追求时尚，但又希望自己能够与众不同，很有品位。他们往往表面上顺应体制，而内心却有自己的独到见解。

对流行时尚的态度

过于追求流行服饰的人。心底常有一种孤独感，情绪不稳定。

对流行时尚既不狂热，也不会置之不理的人。这类人往往为人忠实可靠，遇事沉着冷静，比较理智，不会过于顺从自己的感情。“中庸之道”是这类人为人处世的原则。

很看不起时尚的人。有两种情况：或者个性较强，喜欢以自我为中心，顽固，缺乏协调性；或者性格保守，有些自卑，一味地把自己关在象牙塔里，生怕自己被他人“同化”而失去自我。

喜欢追求名牌服饰

对生活充满信心，热情洋溢，活力四射。但是，他们很可能依附性过强，精神上缺乏独立性。这样的人往往有学历、有地位、有能力，既会大把大把地挣钱，也会大把大把地用钱装扮自己。

喜欢穿奇装异服

根据自己的喜好选择服饰，不太考虑他人的看法，这种人往往独立性比较强。做事果断，不拖泥带水，有强烈的优越感。

喜欢穿休闲服

这类人往往喜欢赶时髦，比较浪漫。心胸开阔，很自信，比较放松，不拘小节，喜欢无拘无束的生活。不喜欢被各种条条框框限制，只想轻轻松松地生活，“别活得太累”是他们生活的原则。这类人不喜欢坐办公室，比较适合从事写作、摄影等对时间要求不严格的工作。

不讲究剪裁与款式，喜欢宽松自然打扮

很可能性格内向，比较腼腆，不喜欢被人注意。常常以自我为中心，按照自己的意愿行事，他们既不轻易接近别人，也不易被人接近，所以可能朋友很少，一旦有，就会是非常要好的。

穿着马虎、搭配不当

这类人往往行动能力强，一旦决定做某件事，就会全力以赴，善始善终。但是，他们做事缺乏条理，没有周密的计划。

衣着整洁、考究，丝毫不马虎

大多性格古板，言谈缺乏幽默感。比较敏感，非常重视外界对自己的评价。懂得利用自己的服饰赢得别人的目光和夸奖，但有时候这类人做事小心谨慎，缺乏冒险精神。

喜欢单一色系或款式

这种人往往性格开朗、直爽，容易亲近。自信心强，一旦确立目标，就会勇往直前，不屈不挠。目光敏锐，分析能力强，处事坚决果断，从不拖泥带水。

喜欢穿浅色衣服

往往比较活泼、开朗，充满热情，善言辞，乐于结交朋友。

喜欢穿深色衣服

大多稳重寡言，城府很深，凡事深谋远虑，不容易让人猜出他的心思。

喜欢穿红青色系服装

大多自尊心很强，不善于表露自己的情感。待人温和，做事小心谨慎，但是说话可能会啰哩啰唆。

喜欢穿西装

会生活，重品质。言行稳重，常常给上司和同事一种庄重、严谨的印象。做事小心谨慎，按部就班，但是有些墨守成规。总的来说，这样的人往往事业有成，很受大家欢迎。

喜欢穿黑色西服

这种人往往心地善良，为人忠厚豁达，是非分明。有很强的意志力，吃苦耐劳，干什么事都能善始善终。表面看起来不苟言笑，很难亲近，实际上个性温厚，很有情趣，大多具有浪漫气质。有时这类人非常敏感。

喜欢穿深蓝色粗直条纹西服

一般来说，社会名流和企业家穿这种西服的人较多。这种着装能显示一种优越感，展示自己的社会影响力。这类人大多外刚内柔，并不像看上去那么难以亲近、高不可攀。

喜欢整体搭配衣着的女人

完美主义者，处处追求和谐与平衡，追求物质和精神上的完美。做事沉着、冷静，不偏不倚，力求公正。

喜欢穿直筒裤的女人

性格比较刚强，为人独立，做事果断。在她们心中，女人必须自立才能获得别人的尊重，才能把握住自己的幸福。

喜欢穿夹克装

充满自信，一般喜欢它的人，男人居多。无论多大年龄的人都可以穿着。他们性格开朗乐观，崇尚简朴自然。不会显得特别拘谨，富有活力。

喜欢穿牛仔装

个性随意，牛仔装的质地清洗起来没有太多顾虑，有趣的是一些人认为它根本不用清洗，可以算是给懒惰找到了借口。喜欢牛仔装的人热爱自由，不拘小节，崇尚无拘无束的生活。

第二节　衬衫和领带

喜欢穿白衬衫

这种人往往性格直爽，容易亲近。事业心很重，以事业为人生的支点，非常现实。对于自己喜欢的工作会不顾一切地去追求，有一股锲而不舍的毅力，但有些时候表现得骄傲自大，不听别人的意见，一意孤行。

喜欢穿花衬衫

有很多男性认为，穿花衬衫的男性缺少阳刚之气。事实恰恰相反，喜欢穿花衬衫的男性往往阳刚气十足，是典型的男子汉。他们个性鲜明，崇尚自由，喜欢无拘无束的生活；自我表现欲强，喜欢标新立异，有很强的创造力，不喜欢随波逐流。假如有一天满大街的男性都穿花衬衫，那么他们就可能又改穿素色衫了。

喜欢穿长袖衬衫

比较传统和保守，为人处世循规蹈矩。有点缺乏开拓创新的能力和冒险的意识。这类人很重视自己给别人留下的印象，从而在衣着打扮、言谈举止等各方面严格要求自己，希望能赢得别人的关注和尊重。

喜欢打原色或华丽色调领带

这种人往往自我意识强，自信。好奇心重，接受新鲜事物的能力很强，但容易喜新厌旧。才思敏捷，常常有一些别出心裁的创意，很适合做设计企划类工作。

喜欢斜纹领带

一般说来，这种人是非分明，适应环境的能力强，能积极主动地融入集体，善于协调周围人的关系。做事认真负责，并希望能得到他人的关注和肯定。

喜欢有漫画图案领带

这类人童心未泯，有丰富的想象力，很适合创造性的工作，比如设计类和广告类。

喜欢有抽象图样领带

这种人习惯把人与人之间的关系分得很清楚，你是你，我是我，公是公，私是私，绝不混淆。其实这只是他们的一种演技，想借此来扩张生活领域，交更多的真朋友罢了。

喜欢有三角形图样领带

他们时刻希望能给他人留下最好的印象，至少不被轻视。这类人对目前的处境不是特别满意，希望能够脱离固定收入的生活，所以创业的欲望时时在心中涌动。

喜欢名牌领带

这种情况分两种。一种人喜欢佩带名牌标志很显眼、让别人一眼就看出是名牌的领带。这种人虚荣心较强，自我表现欲强烈。他们的手表、皮包等随身物品大多也是名牌。另一种人也喜欢用名牌领带，但纯粹是为了自身舒适，不是为了让人看。这样的人品位独特，对色彩敏感，能够很好地搭配着装，即使像衬衣、袜子等等也毫不马虎。

不喜欢打领带

一般比较喜欢豪放的风格。这样的男性活力四射，精力充沛。喜欢领导别人，支配欲较强。还有一种人，因为职业的限制而不得不打领带，但打心眼里不喜欢打领带，这说明他们对自己现在所处的环境不太满意，可能有跳槽的意图。

不会系领带的人

性情温和，心地善良，有同情心，喜欢交朋友。心胸开阔，能以大局为重，不拘小节。通常说来，如果不是具有领导才能，就是具有常人没有的特殊本领。

第三节 鞋子

衷爱穿没有鞋带的鞋子

这种人往往待人彬彬有礼，很有绅士风度，爱帮助别人。思想传统、保守，追求整洁，表现欲望不强。性急，做事缺乏计划和耐心，容易半途而废。这类人生性乐观积极，他们相信“天下无难事，只怕有心人”。

喜爱穿系鞋带的鞋子

这种人往往性格比较矛盾，既希望别人替自己安排生活，又害怕自己被条条框框限制住，因此他们多是在尊重别人为自己做的安排的同时，又不断地积极拓展自己的空间。这类人做事认真细致，有条理，有计划，不喜欢敷衍了事。

衷爱穿运动鞋

生性好动、活泼，对人亲切、友好。对生活充满热情，保持着积极、乐观、向上的心态。生活方面有时候缺乏规律，有些许散漫。

有多双穿着非常舒适、价格昂贵的鞋

经济条件较好，舍得花钱买好鞋的人，大多懂得生活，重视生活的质量。在工作上一丝不苟，对自己要求非常严格。

一双鞋子穿坏了，再买另一双

几乎只有一双鞋，而且旧鞋不坏就不买新鞋。这种人思想非常独立，很重视自己的感觉，自己觉得好就是好，不会太在意别人的看法，更不会人云亦云。这

样的人每做一个决定之前都会经过再三考虑，要么就不做，要做就一定要做到最好，全力以赴。他们对感情很忠诚，无论对爱人、朋友还是亲人，都不会轻易背叛。

第四节　帽子

爱戴礼帽

对传统有一种天生的崇拜，比如喜欢听古典音乐、看话剧，欣赏西装革履的男人和穿着旗袍的女人等。他们很有绅士风度，愿意向众人展现他成熟、稳重的气质，重视生活中的每一个细节：皮鞋在任何时候都擦得乌黑锃亮，即使在夏季也只穿棉袜，这样的人很清高，在为人处世方面，由于他们比较保守，所以会习惯性地与人保持一定的距离。

爱戴鸭舌帽

这样的人往往有着强烈的自我保护倾向，既不伤害他人，也决不允许他人伤害自己。他们不虚华，处理事务冷静、客观，能以大局为重。在赚钱方面，他们是积极主动的，相信多劳才能多得，痛恨不劳而获、投机倒把的行为。他们善于理财，既不吝啬，也不会大把大把地花钱。

爱戴彩色帽或运动帽

喜欢色彩缤纷的东西，对流行很敏感，对新鲜事物充满好奇心，乐于充当第一个“吃螃蟹”的人。这样的人精力充沛，活动能力强，喜欢聚会，他们往往凭着热情和兴趣做事，热情来了，浑身像有使不完的劲儿，一旦热情退却，也可能会把还没干完的工作抛到一边。

第五节　发型

左分型头发

这种人往往待人随和，真诚。办事冷静、沉着，有极强的毅力和耐性，容易产生成就感。这类人事业有成的居多，有领导气质。

右分型头发

多为完美主义者。好奇心强，敢于冒险，善于想象和创新，时常有标新立异的想法，并能将其付诸实践。很有主见，不会人云亦云。

中分型头发

中分型长发。大多感情丰富而细腻，爱幻想，追求浪漫。内心矛盾，一方面想过一种与世无争的生活，另一方面又不甘平凡。他们对影视和文字有浓厚的兴趣。

中分型短发。往往性情温和，有较强的判断力，喜欢听别人的夸奖。这类人比较注重实际，性格中理性的成分要比感性的成分多。他们乐于助人，有一定的奉献精神。

喜欢平头的男性

思想比较传统和保守。这类人大多外刚内柔，喜欢在运动竞技方面出风头，很注重他人对自己的评价。

喜欢留极短的头发

这种人往往有极大的野心。他们总是忙忙碌碌，各种各样的事情把他们的时间挤得满满的。他们行动之前的准备工作往往做得非常细致，但在做事的过程中缺乏不屈不挠的精神和应有的责任感，有时一遇到困难，就很容易打道回府。

留长发的男人

这类人中搞艺术的较多。一方面，他们不甘寂寞，别出心裁想要突出自己，引起他人的关注；另一方面，他们有非常远大的目标，想和周围的人泾渭分明，展示自己的与众不同。

喜欢怪诞发型

倔强，只要认定某件事，会始终坚持自己的立场，决不低头服输，不会屈服于任何势力。这类人自我表现欲很强烈。做事经常以自我为中心，而不太考虑他人的感受。这类人的行为过于大胆和前卫，不容易让人接受，但他们总是能赢得一群朋友，这些朋友往往会心服口服地尊敬他们，甚至崇拜他们。

为了符合某种要求而修剪头发

为了工作的需要而修剪头发的人，对所任职的公司很有认同感，对工作能全力以赴，兢兢业业，甚至能做出牺牲。这类人通常都有一技之长，能建立丰厚的经济基础。他们性格随和，易亲近，很受人们的欢迎。

任凭头发自然生长

这种人很可能喜欢抱怨，遇事习惯怨天尤人，而不从自己身上找原因。缺乏主见，随波逐流，常常被他人的意见所左右，而自己内心的真实想法却无法实施。

头发又直又长，看起来很飘逸的女性

比较清纯，喜欢浪漫。性格中庸，界于传统与现代之间。自信心极强，有强烈的信念，对事业的成功充满渴望。

第六节　眼镜

金边银边的金属框眼镜

这种镜架较为常见，佩带者通常给人留下斯文、勤奋的印象。

黑边眼镜

在金属边眼镜占据主流的今天，有很多时尚男女为了体现自己的个性，会选择这种黑边眼镜。这类人对流行非常敏感，甚至会引领时尚的潮流，自我表现欲和个性都很强烈。

喜欢戴墨镜

可能是怕别人识破自己的真实想法，所以避免让人看到自己的眼睛。一般来说，这类人防备心较强，不轻易相信别人。

第七节　化妆

不喜欢化妆的女性

追求自然美，而且对自己的容貌有信心。这类人看待问题从不停留在表面，

而是更看重实质性的东西。有着强烈的平等观念，对任何事物都不偏不倚，并且不断地追求平等，容易深受他人的欢迎。

化淡妆的女人

自我表现欲不是很强，并不希望特别地突出自己。这类人大多聪颖而理性，不想花大量的时间和精力在梳妆台前。她们有远大的人生目标，行动能力强，为了自己的目标勇往直前，因此获得成功的概率很高。这类女性拥有自己的绝对隐私，甚至可能会珍藏一生也不向他人透露，并且希望在这一点上能够得到他人的尊重和理解。

化浓妆的女人

自我表现欲强烈。这类女性为人热忱、坦率，能尊重他人。

从小就开始化妆，并且多年来保持同一模式

多有怀旧情结，喜欢回味美好的过去，但也能很快地走出回忆，不会沉迷其中而忘记现实。这类女性讲究实际，能够尽最大努力把握住目前所拥有的一切。她们热情、善良，善解人意，有很多志同道合的朋友。容易满足，难以跟上时代的潮流。

将大量时间花在化妆上

完美主义者，任何事情都追求尽善尽美。她们对自己的智力和财力都充满信心，乐意花费时间、精力和财力使自己的容貌达到让自己满意的程度。

化妆时着意强调某一部位

通常对自己有相当清楚的认识，知道自己的优势在哪里，缺点是什么，善于扬长避短。她们很有自信，坚信只要通过努力就一定能实现自己的目标。讲究实际，

注重现实，处理事情冷静、沉着，非常果断，决不拖泥带水。其不足之处在于有时会疏于纵观全局。

化妆着重眼部

使用浅色眼影以强调眼部、让眼部显得柔和妩媚的人，往往非常注重才智等方面的东西。而喜欢使用深色眼影，如蓝、绿等颜色的人，性格大多开朗、前卫，自我意识和自我表现欲都很强烈。这类女性做事果断，很利索。

涂指甲油

如果涂的指甲油一点儿都不花哨，那么她一方面很爱漂亮，另一方面又不喜欢张扬。这种性格比较有韵味，比较成熟，往往是有阅历和修养的表现。

如果经常去美甲，那么大多很注重自己的情绪和心情。

第八节　手提包

喜欢中性色系手提包

这种人往往自我表现欲不强，生活上追求平和、平衡。在工作中乐于与同事打成一片，有时甚至不希望被人注意到，以减少生活中的各种压力和挑战。在待人方面，喜欢保持中立的立场。

喜欢大手提包里装小皮包

这类女性大多充满活力，有广泛的兴趣。她们适应环境的能力很强，每天都必须扮演很多的角色，时间被各种事务塞得满满的，但由于其协调能力极强，所以很少手忙脚乱。她们遇到意中人的时候，往往会采取以守为攻的战略。

喜欢小巧精制的手提包

这种女性往往自我表现欲很强，喜欢赶时髦，注重他人对自己的评价。比较任性，喜欢撒娇，很受异性的喜爱。她们比较喜欢可以依靠、有安全感的异性。

喜欢双肩式大包

开朗活泼，性情直爽。行动能力强，为人处世方面不拘小节。注重自己的独立性，讲究原则，即便是对自己喜欢的男性，也从不妥协，仍然坚持自己的生活方式。

喜欢超大型手提包

崇尚自由，喜欢无拘无束的生活。他们对生活的态度比较随性，向往浪漫，对待人际关系比较坦然，不屑于刻意维持某种关系。

喜欢中型肩带式手提包

大多性格独立，思想观念较为传统、保守。这类女性喜欢栖息在自己的独立空间里，对社交有着自己独特的要求。

喜欢提休闲式手提包

处理事务的能力和协调能力很强，有领导能力。对生活的态度比较随便，不会对自己过分苛刻，很会享受生活。在事业和学习方面，积极乐观，有一定的进取心，渴望获得成功。

喜欢提公文包

做事小心谨慎，不苟言笑；对自己要求严格，事业心强。

公文包不离身的女人，往往事业心极强，属于典型的工作狂。她们经常整天都忙忙碌碌，时间被繁忙的公事塞得没有一丝空隙。工作认真负责，为人处世小心谨慎。

喜欢男性化皮包

外向，性格坚强。行动能力强，头脑清晰，条理分明，敢说敢做。事业心强，好胜，多为女强人。

喜欢具有民族风味或地方特色提包

个性突出，想法独特。这类人的衣着打扮以及思维方式常常与众不同，常常会有一些新颖独到的见解。

把手提包当成购物袋

这种人往往独立能力比较强，不喜欢依赖别人。待人亲切、随和，人际关系较好。做事极有耐性，讲究效率，属于希望用最短的时间、最少的精力办最多事情的那一种人。但是，由于他们比较感情化，所以常常事与愿违。

手提包的样式非常独特

有两种可能。一种人个性很强，富有艺术天赋，对任何事物都有自己独特的见解。他们崇尚自由，喜欢冒险，有一定的魄力。如果这类人肯努力，一定会在某一领域里出类拔萃。另一种人则可能只是自我表现欲比较强，之所以选择样式独特的提包，纯粹是为了强调个性。

手提包里各种东西都很齐全

如果是女性，那么此人很可能比较有远见，做事严谨、细致，处理事务的能力极强；对人体贴入微，善于持家。如果是男性的话，那么他可能做事果断，注重细节。

手提包里的东西放得井然有序

自尊心和进取心极强，有一定的组织能力。这类人大多很有原则性，做事认真、谨慎，条理清晰，对工作有很强的责任感，擅长处理各种错综复杂的事务。其不足之处是过于死板，容易拘泥于细节。

手提包里很杂乱

提包里的东西摆放得乱七八糟，需要找某种物品时，得把提包内的所有东西全部倒出来，才能很吃力地找到所需的东西。这类人大大咧咧，不拘小节，对很多事情奉行“无所谓”的随便态度。做事粗心大意，缺乏条理性，态度较为随便。

不习惯带手提包

这类人的性格有两种情况：一种是自我意识比较强烈，不希望任何事物牵绊自己的手脚；另一种可能纯粹是嫌麻烦。

第九节　手表

戴普通机械表

这种人大多具有很强的独立意识，事事都坚持自己动手，认为只有付出才有收获，对不劳而获深恶痛绝。但有时候他们容易性情急躁，喜欢做那些可以立竿见影的工作。

戴金表

这类人往往心思缜密，目光敏锐，具有很强的判断能力，凡事都能看得清楚透彻。意志坚定，能够吃苦耐劳，从来不会屈服于任何压力。另外，他们极有远见，绝对不会为了一些蝇头微利而停下前进的脚步。在生活中，这类人重义气，具有包容心，注重家庭的幸福和睦。

戴怀表

对时间有很好的控制能力，虽然终日紧张得马不停蹄，却懂得如何在有限的时间里放松自己，做一些自己喜欢的事情。他们的适应能力比较强，善于把握自己，能随时保持良好的心态以适应外界环境的变化。言谈举止高雅不凡，有相当不错的文化修养。这类人怀旧心理比较重，喜欢收集老旧的东西；比较浪漫，经常会给人一些意想不到的惊喜。

喜欢戴特别设计的手表

很在意自己的形象，在意自己给别人留下什么印象，有时候为了迎合别人甚至可以放弃自己的立场。偶尔也会夸张得表现显示自己，期待引起别人的注意。

表盘上没有数字

一般说来，这种人的抽象思维比较发达，注重个人的智力锻炼，喜欢玩益智游戏。这类人擅长抽象概念的表达，但不喜欢把任何事情都说得太明白，他们认为任何事情都应该留有一定的悬念，说得一清二楚就会失去它原有的意义。

第十节 首饰

戒指在各手指上的传统含义

戒指的戴法很多，所表示的语义各不相同，最传统的含义是这样的：食指——表示想结婚，但尚未结婚；中指——表示正在恋爱中；无名指——表示已经订婚或结婚；小指——表示此人独身，而且不想谈恋爱。

喜欢将戒指戴于食指

不一定按照传统含义戴戒指，而是根据自己的喜好戴在食指上。这种女性往往事业心极强，野心勃勃。语言表达能力出众，性格直率。由于食指是人在打手势中用得最多的一根指头，所以喜欢将戒指戴在这根手指的人有时候表现欲会有一点强烈。

喜欢将戒指戴在中指上

不一定按照传统含义戴戒指，而是根据自己的喜好戴在中指上。这种人往往思想比较保守和传统，协调能力和平衡能力强。

喜欢戴古怪或颜色抢眼的戒指

有着远大的梦想，喜欢过充满变化的、刺激的生活。她们善于控制自己的感情，不会过分沉迷于梦想之中。

喜欢戴小戒指

具有很强的创造力，而且想象力也非常丰富，但是他们所想的东西时常不适合现实生活，因此常常感到怀才不遇，逢人就会倾诉自己的满腹苦衷。不过，这类人的生活态度比较积极向上，与人交往有分寸，知道何时何地需要表现自我。

喜欢戴珍珠或钻石戒指

很重视名誉、地位以及一般的道德观念，在他们身上很少发生对家人、朋友或恋人不忠的情况。这类女性做事小心谨慎，能沉住气，从来不做没把握的事，是典型的“安全第一主义者”。

戴与生辰有关的戒指

以年轻人居多。他们内心热忱，希望借带有生辰的戒指向他人传递自己的信息，渴望让他人了解和关注自己，同时也传递出发自心底的呼唤友谊之声。一般说来，他们会有比较不错的人际关系。

喜欢按照自己的意图设计和制作戒指

戒指设计工作非常复杂，一般来说，这种人的内心世界也同样复杂。他们个性独特，有时候期望用自己的独特风格树立自己的流行时尚，并且颇具自信。

喜欢戴俱乐部戒指

热爱集体，注重团队合作精神，同时也在召唤有相同兴趣和志向的人。另外，戴这种戒指也是为了加深自己给别人留下的印象，增强自己的自尊心。

不戴戒指

讨厌杂乱和烦扰的感觉，崇尚自然舒适、无拘无束的生活。这类人性格大多比较朴素，不爱出风头，思想方面非常独立，能直言不讳地表达自己的各种思想和情绪。但有时自我意识过强，听不进他人的告诫。在感情方面，他们属于拿得起放得下的类型。

喜欢戴手镯

这类人大多有追求、有理想，很清楚自己想要的是什么，并会积极主动地去实现它，即使面对挫折，也仍然会坚持到底。精力充沛，充满活力，生活和事业上大都比较顺利。

喜欢戴胸针

很重视自己在他人眼中的形象，既希望能够引起他人的关注，又害怕别人识破他们的这种心理，因此他们习惯于用谦虚的态度来掩饰自己。在为人处世方面非常谨慎，不会轻易地相信某一个人，也不会随随便便地做出承诺。

喜欢佩带具有浓郁民族风格的装饰品

个性很突出，有自己独特的思维和见解，不会人云亦云。

喜欢用珠宝来做装饰品

凡事力求尽善尽美，是绝对的“完美主义者”。这类人自我表现欲不太强烈，而是注重营造和谐的气氛，希望自己能完全融入其中，与周围人打成一片。

喜欢佩带很多体积大而且非常醒目的珠宝

个性张扬，无论他们走到哪里，都会吸引众人的关注。这类人爱幻想，对生活的态度乐观、积极，充满热情，并且这种情绪还会传染给周围的人。

喜欢佩戴体积小、不显眼的珠宝

为人谦虚而又稳重，心态非常平稳，无论遇到什么事情，总是可以泰然处之。这类人生活比较低调，不希望引起他人的注意。

第三章

3

言 谈

在交谈中听懂别人的话外音

鲁迅说："与名流学者谈，对于他之所讲，当装作偶有不懂之处。太不懂被看轻，太懂被厌恶。偶有不懂之处，彼此最为合宜。"钱锺书说："有时候，'不再坐一会儿？'可以撵走人，有时候，'再会'可以挽留人。"而英国的约翰逊说："一般人用语言交流思想，聪明人则用它掩盖思想。"……

实在是有太多的人对"言谈"说了太多的话，可见"言谈"背后的复杂难测。

第一节　打招呼的习惯

打招呼的惯用语

“你好！”

习惯于用这两个字打招呼的人，往往头脑冷静、沉着，做事一丝不苟，谨慎小心。在他们的性格中，理性的成分要多于感性。这类人不喜欢大惊小怪，稳重可靠，深得朋友们的信赖。

“喂！”

这种人开朗活泼，精力充沛，具有良好的幽默感。思维比较敏捷，创造能力强；为人谦虚，能够听取各方面的意见。

通常情况下，只有关系比较亲密的人才用“喂”。假如对不熟悉的人或上级用这种语气，则会被认为是轻视对方。

“嗨！”

这种人往往性格比较内向、害羞，多愁善感。有时会缺乏冒险和开拓的精神，偶尔会由于害怕出错而不敢做出新的尝试。

“过来呀！”

这样的人好冒险，喜欢与他人交流。办事果断，从不拖泥带水。面对失败，不会一蹶不振，而是能及时从失败中吸取教训，以便东山再起。

“看到你很高兴！”

这样的人性格开朗、热情，喜欢参加各种各样的活动。对待一切事物都很乐观，是典型的乐观主义者。但是，他们常常沉迷于幻想中，把握不好现实，容易感情用事。

“有什么新鲜事？”

这样的人凡事都喜欢追问到底，有时甚至不问个究竟决不罢休。他们做事有条不紊，很谨慎，从不随便发表自己的意见。热衷于物质享受，在生活方面非常讲究。

“最近怎么样？”

这样的人对自己充满信心，自我表现欲较强，他们做事比较谨小慎微，凡事三思而后行，一旦行动就会勇往直前，不遗余力。

有意识后退数步

看到熟人，有意识地后退几步。他们自认为这是一种很有礼貌的举止，但有时也会让对方误认为是故意拉开距离。一般来说，这样的人防卫心理极强，与他人交往时很谨慎；有时他们为了让交往更顺利，故意将姿态放得很低，表达自己谦虚的一面。

目光旁移

很可能是内心怀有强烈的自卑感。这种人适应环境的能力很差，对陌生人和陌生的环境怀有恐惧心理。为人处世缺乏自信，不果断，常常前怕狼后怕虎，犹豫不决。这类人比较喜欢轻松、诙谐的打招呼方式，在这种情况下就不会目光旁移。

喜欢用外语打招呼

比较自信，通常拥有丰富的知识、教育程度高。希望在日常生活中赢得多数人的关注，因而会在一些公共场所、人多的地方与熟人用外语打招呼或道别。

第二节　相互之间的称谓

称对方为“××先生”

表示两人之间的关系还比较生疏，心灵之间还有一定距离。

称对方为“小 ×”或叫外号

表示关系已经相当亲密。

直呼其名

关系亲密的表现。男女之间，最开始介于朋友和恋人之间时，女性喜欢把恋人称作“× × 先生”，随着关系的进一步发展，改称为“小 ×”，随着关系进一步加深，双方还可能会直呼其名。

称“您”

如果不是初次见面，而且对对方已经很熟悉了，还喜欢称“您”，就表示此人在心理上与对方保持着一定的距离。

称呼“你小子”

为了进一步增进感情，维持友谊的长久，建立一种潜在的保护与被保护的关系。

称呼年长者为“你”“× × 先生”

想和对方拉近心理上的距离，期望用一种平等的称呼拉近彼此感情。

由称呼姓转而称呼名

期望亲近对方。

谈话中突然叫对方名字

想要接近对方，缩短心理上的距离。

第三节 聊天的场合与主题

喜欢在公共场合主动讲话

这样的人性格外向、开朗，对自己信心十足，敢于表现自己，善于向众人表明自己的想法，有影响并领导他人的勇气和魄力。

不喜欢讲话

有两种类型：一种是性格比较内向、缺乏自信的人；另一种是比较沉着、冷静的人，他们善于从他人的谈话中吸取经验教训，用来完善自己。

喜欢谈论他人私事

往往具有强烈的支配欲，但又缺乏领导能力，所以才通过谈论他人私事，尤其是他人的隐私来获取心理上的优越感。这种人内心比较空虚，缺乏知心朋友。

喜欢散布小道消息

他们这样做的目的，很可能只是希望引起他人的关注，满足一下自己不甘平凡的心。有点爱慕虚荣，唯恐天下不乱，可是一旦出了乱子又很害怕。

喜欢谈论生活琐事

这种人往往很会享受生活的舒适和安逸，与世无争，平易近人。他们比较重视家庭，属于居家型和安乐型的人。

喜欢谈论国家大事的人

这种人往往视野比较开阔，具有长远的目光和宏伟的规划，不会为蝇头小利而将自己局限在某一个小圈子里。

喜欢谈论自然景象

一般说来，这种人生活非常有规律，注重养生保健。在为人处世方面谨小慎微，讲求原则。

说话主题不明确，或者不断变换话题

有着极强的自我表现意识和支配欲。一般来说，这类人的逻辑思维能力较差，有时候会在不经意间忽视的尊重和宽容。他们偶尔会独断专行，很少听取他人的意见，希望以自己的意见为主导。如果他是一个普通老百姓的话，出现这样的状况，可能说明他精力不够集中，缺乏理性思维能力。如果他是某个团体的领导，可能说明他想占据主导地位，并且可能有担心大权旁落的心理负担。

喜欢在饭店大厅谈正事

性格豪爽、自信，胆识过人。不担心机密被他人偷听，坚信自己的能力与智慧可以解决一切困难。

喜欢在办公室谈事情

有诚意，单纯的工作环境使谈话更实际，气氛更融洽。对自己的工作感到满意，充满自信，认为可以依靠值得信赖的办公室解决一切问题。

喜欢在俱乐部或酒吧谈事情

注重生活品质，喜欢休闲与娱乐，满足虚荣心，渴望间接提高身份，扩大影响力，达到某种目的。

喜欢在茶艺馆聊天

中意优雅的环境，行事小心谨慎。

喜欢在宽敞地方聊天

开朗、自信、直爽、心胸开阔，但也有胆小怕事的时候，他们在宽敞无人的地方有安全感，不用担心秘密会被人偷听到。他们通常都成熟稳重、居安思危，有长远的目标和打算，善于隐藏真实情感。

喜欢附和别人话题

总是附和别人或者顺着别人的话题和意见，不急于表达自己的看法和观点。性格宽厚，为他人着想，从不争强好胜，也不会招人瞩目。他们善解人意、体贴待人，可以向需要帮助的人伸出援手，往往被对方视为知心好友。

不停抱怨生活

可能最近心理压力过大，谈话中经常透露对现状不满，把生活和工作中产生不如意的情绪，用抱怨的形式发泄出来。

喜欢谈论辉煌过去

他们可能有时候面对时代的变化有点无措，又很想融入大家，谈话的话题就会经常围绕自己过去的成就。

第四节 口头禅

口头禅出现频率高

做事有时候容易拖沓，不干练，缺乏清晰的逻辑。

喜欢说“另外”“还有”

这种人往往头脑灵活，有很强的好奇心，喜欢参与各种各样的事情，但容易厌倦，有点缺乏耐性，做事情容易只有三分热度，不能善始善终。但这类人的思想很前卫，不会受各种条条框框局限，经常有一些别出心裁的创意，让人耳目一新。

喜欢说“反正”

这类人有一点悲观主义的侵向。有时候在尚未行动前，就满脑子的“反正干了也白干”“反正我不行”等消极思想，结果经常是放弃。他们说话喜欢用否定的语气，常给人一种比较消极的感觉。

喜欢说“是啊，是啊”

对别人的意见表示赞同的时候，通常会说“是啊”，同时可能还点点头；但是，如果重复两次三次，甚至更多次，那可能表示此人根本没有理解对方的话，或者有点懒得去理解，只是摆一个附和姿态罢了。

喜欢说“我早就知道了”

“我早就知道了”言下之意可能是：“像我这么神通广大的人，有什么不知道的？”这类人自我表现的欲望强烈，偶尔会以自我为中心，喜欢任意发挥，经常说这句话的人，有点事后诸葛亮的架式。

喜欢说“已经这个岁数了还……”

经常提及年龄的问题，习惯说这种口头禅的人一般很老成，看起来比实际年龄大。他们有时候会不敢尝试新鲜事物，一开始就阻断接受新事物的机会。

喜欢说“如果……”

例如常说“如果我再漂亮一些……”“如果我能上大学……”等，总是倒退着思考问题，有时候用一种没有存在过、依靠想象出来的生活，获得心灵安慰，经常这样说这样想的人，有时候可能身边有的好机会也不懂得牢牢抓住。

喜欢说“我只告诉你”

这其实是不太成熟的一种表现。想对人说，但是又怕走漏消息，只好不断地强调：“这是个秘密，我只告诉你，千万不要让别人知道。”其目的有二：第一，因为自己知道了一些所谓的秘密，有点想向他人炫耀；第二，以为这样可以讨好他人，拉近关系。实际上，像这种轻易泄露秘密的人，又怎么能获得他人的信任呢？

喜欢问“后来呢……”

好奇心强，往往不考虑别人感受，对未知的事情追问到底。遭到拒绝后。

喜欢说“总而言之，你的意思是……”

喜欢这样说话的人可能经常担心自己的意图没有被正确传达。这类人在工作上习惯于事必躬亲，对自己充满信心，很不容易信任他人，通常是完美主义者。

“因此”“所以”

陈诉与别人不同的意见时，喜欢用“所以，我要说的是……”“因此……”的人往往有点强势，偶尔喜欢支配别人。同时，这种口头禅还透露出要反驳他人意见的意图，他们希望所有人的想法都跟自己相同，有将自己的观点强加于人的倾向。

“尽管如此”

这样的人善于谋略。通常，他们在反驳他人的观点之前，会先适当地承认对方的某些观点，以扰乱对方的思维，然后再步步为营。

“就算是”“差不多”

年轻人比较喜欢用这类词语，他们一般会在失败或犯错误后，为了不受到指责而用这类词语来推托搪塞。

“绝对”“百分之百”“肯定”“不可能”

喜欢用这类词语的人，有些以自我为中心的倾向，比较武断。他们有时会有一种自爱自怜的倾向，为了维护自己所谓的尊严，不断地用“绝对”等词进行保证。其实，别人怀疑他们的“绝对”，他们也对自己的“绝对”忐忑不安。这样的人害怕权威，爱认死理。有时候他们的想法不太切合实际。

“那时要是这样做就好了”

这种人经常对过去后悔不已，性格略显消极，遇事拖拖拉拉，缺乏行动力。

“你应该”“你必须”“你绝对不可以”

这种口头禅带有命令口气，表明此人极有自信，具有强烈的领导欲望，希望支配别人来表现自己的权威。这类人大多有点固执、骄横。

经常使用“这个”“那个”“嗯”的人

有两种可能。一种是遇到复杂的事情，难以决断，所以出现这种情况，这表明此人当时的思维并不是很连贯，为了克制不安的情绪，不得已才频繁地使用“这个……”“那个……”的停顿来调整思路。这类人大多谨小慎微，办事瞻前顾后。另一种可能是此人正在撒谎，心里非常紧张，企图自圆其说。

经常使用“但是”“不过”的人

思维敏捷，能言善辩。这类人做事小心谨慎，但有时候会缺乏自信。

经常使用“我个人的想法是”“能不能”“可不可以”之类词语

待人比较随和，易给人亲切感，能够给予他人足够的尊重。在为人处世方面，能够客观理智，不会感情用事，善于收集和吸收各方面的意见。

经常使用"我想""我不知道"

有时候情绪不是特别稳定，有些喜怒无常，让人难以捉摸。这类人思想比较单纯，容易感情用事。

经常使用"真的"之类的强调词语

如果有人告诉你一件事情时，反复强调"我说的是真的"，则表示此人可能对自己说的话没有信心，唯恐所言之事的可信度不高，但强调过多则事与愿违。当然，并不是他说的是假的，但最好打个折扣。

说话时经常加上"好吗""可以吗"

这种人很可能缺乏自信心和主见。

第五节　语速、声调、音色、语气

语速快的人

性格比较外向。一般来说，这样的人思维敏捷，应变能力强，并且能说会道。在各种场合，他们的言行举止都非常自然、大方，毫无矫揉造作的感觉。他们想到什么就说什么，在他们眼里，没有太多事情值得隐瞒，乐意将自己比较可笑的事情讲给大家听。这类人善于交际，很会迎合对方的心理，因此在交际场上如鱼得水，但是，有时候这类人性格比较暴躁，容易生气，遇事武断，可能会一意孤行。

语速平缓

一个人内心平静时，说话就会舒缓、和婉，极富亲和力。这样的人大多温柔、善良，为人宽厚而仁慈，富有同情心，能够关心和体谅他人。思维细致，善谋划，能够吸取他人的意见，但又不失自己独到的见解。他们原则性很强，思想比较传统，有时候做事有点缺乏魄力，犹豫不决。

突然转变语速

一个人的语速突然变得快起来，说明此人内心不安或有恐惧的情绪，可能情绪突然激动，可能是做了有愧于对方的事，也可能言谈的内容不真实。

语速变快，或者变得能言善辩

如果平时说话缓慢，突然很快地说话，那么他可能做了什么不好的事情，此时他说话的内容往往不太准确，不要太当真。平时沉默寡言的人，如果突然变得口若悬河，那么他内心里一定隐藏着秘密，很害怕别人知道。这两种人一般不是很老练，涉世很深的人一般不会有这样的表现。

声调抑扬顿挫

内心诚信的人，说话声音清脆，有节奏感。但是如果在说话时有意抑扬顿挫，则有所企图，就可能是在刻意吸引别人的注意力。这类人自我表现欲强烈，有一定才能，有望成为杰出的领导者。

声调低沉、嗓音很粗

做事沉着、稳重，谨小慎微，浑身散发着成熟的魅力，总是吸引众人的目光。他们比较注重现实，应变能力、适应环境的能力以及协调的能力都是一流的，无论处在什么样的环境下，他们都能用最快的速度调整自己，与之协调一致。

声调平直

性格比较内向。表面上，他们孤言寡语，待人冷漠，实际上，内心充满热情，只是比较善于掩饰自己的感情罢了。这类人面对任何事都极度冷静，在行动之前，往往会将可能出现的各种情况罗列出来，并做出一些应对的措施，不贸然行事，不打没有把握的仗。

声音高亢而尖锐

这种情况一般是情绪失控、非常愤怒的表现。

经常发出这种声音的女性，往往情绪很不稳定，喜怒皆形于色，常常会因为小事痛哭流涕，或大动肝火。这类女性非常敏感，具有丰富的想象力，经常会有一些别具一格的创意。她们一旦决定做某件事，就会非常执着，全力以赴，不会因为受到阻力而退缩。但有时因为过分执着而显得不够灵活，甚至有将自己的观点强加于人的倾向。

经常发出这种声音的男性，个性比较狂热，碰上事情可能兴奋得快，也疲倦得快。这类男性由于能发挥自己的个性，胆子大，敢于冒险，勇于尝试，所以做事成功的概率较大。其不足之处在于，常常出尔反尔，信誉不佳。

说话时不断提高声调

自我意识较强，我行我素，对他人的意见置若罔闻。处理事情不善变通，比较固执，甚至会自以为是。

声音很大

一般来说，大嗓门的人性格是比较外向、粗犷和豪爽的。他们自信心很强，为人耿直、真诚、热情，敢于直抒己见，能够把自己的意见直接地表达出来，不会拐弯抹角绕圈子。这类人善于社交，但脾气暴躁，容易激动。他们行事积极主动，喜欢充当急先锋，但有时候容易被他人利用。

这类男性不太懂得说话的艺术，总是一副发号施令的模样，不让别人插嘴，更不容别人反驳，在工作上，由于他们真诚、直率，深受上司和同事的信赖。但是，他们有时候遇事缺乏必要的冷静，快人快语，不够严谨，因此很难成就大事。

声音高亢洪亮

一个人心情愉悦时，说话的声音就会清亮、干脆。这类人精力充沛，有很强的自信心，待人真诚、热情。荣誉感强，气质优雅，无论走到哪里都容易成为众人瞩目的焦点。

声音浑厚、用腹腔发音

这样的人，无论男性、女性都具有领导才能和乐善好施的品行。

这类男性个性开朗，富有正义感。善于交际，能与各种各样的人交往，有很多朋友。其不足之处在于，感情较为脆弱，做事容易冲动后悔。

这类女性易亲近，有非常好的人缘，容易获得大家的信赖。不过她们有时候心软，面子薄，遇事容易情绪化，吃一些不必要的亏。

低声细气

这种人往往性格内向、腼腆，优柔寡断，缺乏自信。为人处世方面比较小心谨慎，戒心很强，常常有意识或无意识地与他人保持一定的距离，从不轻易透露自己的深层想法。他们对人宽容，不会为难他人，尽量避免麻烦的发生。

声音让人感觉紧张、压抑

这种人往往自我意识较强，不愿意轻易接受他人的意见，有时候明知别人说的是对的，也不肯低下自己的脑袋。这类人缺乏耐性，做事鲁莽，易冲动，不讲究方式方法。不太懂得关心和体贴他人。

语气温和而沉稳

往往具有长者风度。这类人考虑问题比较深，做事按部就班，有条理性，具有很强的耐力，一旦确立目标，就会一步一个脚印地朝着目标奋斗。与这类人交往，在开始的时候可能会觉得有些困难，但越往后越能感觉到他们的忠实、可靠。

具有这种声音的女性，性格比较内向，具有较强的同情心，能在别人困难的时候及时伸出援助之手。她们不会感情用事，但能够体谅他人，甚至能做出一些牺牲。

语气凝重深沉

思想比较成熟，具有很强的责任心，是一个可以信任的人。一般来说，他们的学识都很高，对世道人心的把握很熟练，但也会有由于性情耿直，使自己的才华无用武之地的情况。这类人自尊心较强，有些清高，不轻易服输。

语气尖锐锋利

他们思想比较独特，具有敏锐的观察力，能够深入事物的本质当中看待问题。这类人心直口快，常常会毫不留情地指出他人的缺点或错误，但有时却因为不注意场合而让对方难堪。在事业上，有时容易急功近利，舍本逐末，忽略一些重要的事情，让自己陷入困境之中。

语气刚毅坚强

做事光明磊落，是非善恶分明，讲原则。有较强的组织性、纪律性，实事求是，能得到绝大多数人的拥护，很适合做领导。但是由于这类人有时候不善变通，比较顽固，办起事来一板一眼，不给人商量的余地，所以也会得罪一些人。

语气生硬

个性较强，情绪不稳定。这类人自我意识比较强，有时他们甚至希望所有人都按照他们的意志行事。

语气圆通和缓

内心宽宏柔和的人，说话语调温和如水、不紧不慢、舒缓有致。这种人心地善良，性情开朗，为人豁达，待人热情、真诚，具有同情心和包容心。他们接受新鲜事物的能力不是很强，但一般会持理解的态度。在交际方面，能够八面玲珑，不太容易得罪人。

这类人很少与他人发生冲突，遇事一般会采取回避的态度，可能会让人觉得他们胆小怕事。其实，他们只是向往安静平和的生活，不想把自己卷入到是非当中罢了。如果他们必须加入到竞争当中，便不可小瞧，他们会将自己的才华淋漓尽致地发挥出来，大有一番作为。

语气浮躁

这种人往往脾气暴躁、易怒。做事鲁莽，缺乏周密的思考和计划，容易感情用事。缺乏耐性，急于求成，常常发生顾此失彼的事情，给自己惹出不必要的麻烦。

喜欢唉声叹气

有自卑的倾向，心理承受能力较差。遇到挫折，就会千方百计地逃避，遭遇失败更是沮丧颓废，甚至一蹶不振。这类人经常抱怨自己的不幸，但又不从自己身上找原因，习惯把失败的原因归结到外界因素上，以此来安慰自己。

根据对象改变声音

面对上司低声下气，显得十分顺从，面对下属，立刻变得趾高气扬，不可一世。这类人的忍耐性很强，但是喜欢把压力转嫁给下属、公共场所或家里人这类人性格中的自卑感和攻击性都比较明显，只是表现的场合不同而已。

第六节　说话习惯

喜欢引用新词汇、新观点

喜欢赶时髦，对新鲜事物非常敏感，总有一种跃跃欲试的冲动。这类人性格比较直爽，心里装不下事情，想说什么就说什么，口无遮拦。他们刁钻古怪，喜欢标新立异，但容易流于浮泛。

词汇丰富

热情，有着非常丰富的知识，对人情世故具有很强的洞察能力。这类人适应环境的能力以及接受新鲜事物的能力都比较强，喜欢把新的词语或比较前卫的思维方式运用在自己的言行中。在工作方面，他们能够全力以赴，大多可以保质保量地完成任务。

习惯于使用方言

这种人往往个性独特，感情丰富，有很强的自信心，敢想敢做，有一定的魄力，容易获得成功。但是，他们适应环境的能力比较差，进入新的环境往往需要很长一段时间才能适应。

善于使用礼貌用语

心胸开阔，有一定的文化修养，能够尊重和包容他人。

故意使用粗话

要么是想通过这种方式从气势上压倒对方，要么就是想与对方拉近距离。

好为人师者

自我意识强烈，自高自大。这类人好表现自己，希望能引起他人的重视。

把“我”字挂在嘴边

开口闭口总是离不开“我”“我的”等词语的人，大多比较任性、天真，这类人自尊心很强，只要别人说一两句赞美他们的话，就会心花怒放，感到非常满足。

喜欢夸耀自己

情绪可能不稳定。表面上看起来信心十足，其实骨子里可能有点自卑。这样的男性，性格上可能有偏执的倾向。

喜欢替自己辩解

内心有点脆弱，不能正视自己，自我保护意识较强。即使有远大的理想，有时候也难以实行，难以实现。这是因为他们害怕承担责任，不太善于在挫折中吸取教训和经验。

夸夸其谈

有些人说话天马行空，但所谈的内容广而不深，细节上也总出现错误。这类人考虑问题喜欢从大处着眼，不拘小节，往往会有很多奇思妙想，能提出很有建设性的想法。但是，他们思考问题缺乏系统性和条理性，一旦面对实质性的问题，常常会不知所措。如果他们能细致一些，不断增加自己的知识和修养，会成为非常优秀的人才。

喜欢站着交谈或一边工作一边闲聊

行动派，性格比较急躁。俗话说“十快九粗糙”，这类人做事有时候只讲究速度，不顾质量，往往给自己和他人造成不必要的损失。

喜欢辩论

喜欢辩论，而且在辩论中总是据理力争，必须与人分出胜负才算完。这种人争强好胜，富于竞争性和攻击性，对新鲜事物的接受能力很强。具有一定的冒险和开拓精神，且行动能力强。

喜欢唱反调的人

这种人往往独具个性，喜欢强词夺理，常常以偏概全。有时候他们即使知道自己的观点和做法是错误的，也不想承认，而是为自己寻找各种各样的借口，直到取得“胜利”才善罢甘休。这类人言辞尖锐，说话一针见血，不给对方留下回旋的余地。由于他们总喜欢和别人唱反调，经常会出现伤害了别人的自尊心而不自知的情况。

善于奉承他人

这类人处事圆滑，深通世故，有着非常不错的人际关系网。比较精明，洞察力敏锐，能够准确地捕捉他人的心理，然后投其所好。能屈能伸，适应环境的能力和应变能力较强，经常在向他人妥协的过程中实现自己的主张。如果他们过分使用敬语，则不见得真正尊敬对方，可能表明，此人有着很强的防御心理，不会轻易相信他人。

频频地向别人说好话

这种人与善于恭维别人的人不一样。他们无法控制局面，常常显得处处被动，这种人可能比较自卑，在与人交往的过程中，有时可能会选择强露笑容，违心地去赞美他人，从而掩饰自己的不利处境。

说话简洁明了

话不多，但是每个字都很精练，点到要害。这种人性格开朗、乐观，具有较高的文化修养。行动能力强，办事干净利索，能拿得起放得下，从不拖泥带水。富有冒险和开拓精神，有胆量。

善于安慰他人

感情丰富，能够站在他人的立场考虑问题，容易和他人产生共鸣。这样的人心地善良，而且对世道人心有着较为深刻的把握。

喜欢发牢骚

这类人可能有点悲观，心理压抑，以发牢骚作为发泄的方式。缺乏行动能力和冒险精神。一旦遇到挫折，他们经常会习惯性地逃避退缩。

喜欢自言自语

这类人可能缺乏自信，精神经常处于紧绷的状态。这类人有时做起事来瞻前顾后，缩手缩脚。有时会导致受了委屈也不敢反抗，只得忍气吞声的情况。

喜欢噘着嘴讲话

有些愤世嫉俗，爱唠叨。这类人对自己的处境可能有点不满。

经常打断别人说话

缺乏礼貌，性格暴躁，容易生气，为人有点自我，缺乏宽容之心。这样的人反应较快，但是有时由于行事轻率，又不爱听他人的建议，常常做一些错误的判断。

言语过于谨慎

生活较有规律，做事谨小慎微，能够按部就班。这类人的思路比较固定，而且疑心较重，简单的事情在他们眼里可能会变得复杂许多，所以他们虽然有很多想法，但真正能付诸行动的屈指可数。所谓“树叶掉下来都怕砸着头”指的就是这类人。

说话总是遮遮掩掩

说话欲言又止，吞吞吐吐，闪烁其词。这类人大多缺乏自信，性格软弱，遇到挫折可能会怨天尤人，喜欢顾影自怜。

说话客观冷静、不掺杂个人感情

沉稳、理智，遇事能够客观、冷静地处理，不会有过激行为。比较现实，讲究原则，公私分明，虽然显得冷漠，但是值得信赖。

说话有条理、态度从容镇定

性格比较外向，有很强的自信心。这类人对事物有自己独特的观点和见解，并且会坚持自己的思想而不轻易妥协。他们做事讲究原则，坚决果断，从不拖泥带水。

说话喜欢推理

有很强的逻辑思维能力。这类人自信心和主观意识比较强，时而有将自己的观点强加于人的倾向。

健谈

精力旺盛，有一定的才识，对新鲜事物极为好奇。活动能力很强，社交范围广，具有非常不错的人际网。他们进取心强，但过于功利主义，常常得不偿失。

谈吐清晰、口齿伶俐

这类人不见得很喜欢开口，但是只要开口，就能言善辩，才思敏捷。

在人际交往方面，这类人通常属于两种不同的极端。一种是依仗着自己口齿伶俐，抢别人的风头，表现自己，即使是自己没理的事情，也非要争个你死我活，如果得理则更是不饶人。这种为人处世的方法，自然不受大家的欢迎。

另一种则完全不同，他们虽然也依靠自己的伶牙俐齿，但说出的话有理有据，不容辩驳。他们经常依靠自己的能言善辩为他人化解矛盾，拥有非常好的人缘。

语言表达能力差、说话迟钝

有两种情况。一种属于“不鸣则已，一鸣惊人”的类型。当别人口若悬河的时候，他们沉默不语，一旦发言，肯定会有不凡的见解。这类人尽管语言表达能力可能不是太好，但是他们肯定在某一方面或几方面非常出众。另一种人则属于在各个方面都比较平庸的类型。他们性格比较孤僻，不喜欢人多的地方，结果失去了很多锻炼自己的机会。

说话关注细节的人

分析能力很强，适合从事比较具体的工作。

义正词严

这类人经常不苟言笑，具有很强的原则性，善恶分明，立场坚定。但有时做起事来一板一眼，不善变通，而且缺乏足够的创新意识，常常因为坚持原则而显得比较顽固。

“见风使舵”

这类人往往比较开朗、豁达，城府较深，善于掩饰自己的喜怒哀乐，与人交往起来游刃有余。他们很讲究说话技巧，具有很强的生存能力，善于把握形势，即使进入陌生的环境也能如鱼得水。他们察言观色的能力很强，做下属深得上司的欢心，能很快得到提拔，做上司又可以让下属高高兴兴，得到下属的拥护。

在谈话过程中纠正他人错误

自信，性格直率，一旦发现对方的错误，会直接了当地指出来，经常忽略他人的感受。这样的作风往往会伤害到对方。

在谈话结束后纠正他人错误

谦让、有礼貌，识大体，能够体谅他人，能站在他人的立场上考虑问题。由于他们给予他人足够的尊重，从而也同样得到他人的尊重和认同。这种人往往是有一定阅历的，比较成熟。

清嗓子

除了生理性的嗓子不舒服以外，清嗓子还有以下几种可能：

在演讲或发言之前清嗓子咙的人，大多内心紧张甚至非常不安。

说话过程中不断清嗓子的人，可能是为了改变声调，也可能是为了掩饰内心的焦躁。如果只是偶尔清一两次嗓子，则表明他对别人的看法并不是十分赞同，需要继续考虑。

故意清嗓子有时带有警告对方的意思。它表达了某种不满的情绪，同时也包含着“如果你再这样，我就要生气了”的意思。

喜欢说长辈说过的话

思想不成熟、不独立，或者长期生活在长辈身边，看重他们的说法，受到很深的影响，没有自己的主意。例如常说：“我妈妈说你……”等。

喜欢说客套话

对人有戒备，有较强的自我保护意识。亲密的朋友间，一方突然说起客套话，往往表明其别有用意。如果客套话说得过于频繁和谦虚，也有可能表明说话人在嫉妒对方。

喜欢自问自答

不肯听其他人意见，不愿别人反驳自己。有时候会有点过于自信，固执己见，好走形式。

发言时常重复上一句话

发言结束时，习惯性地重复刚刚说过的话。有洁癖，追求完美的人，为了确定自己的话是否正确，无意识地会重复自己上一句说的话。常伴有任性、固执的性格特点。

常说怨愤和不满

他们经常埋怨公司、上司等。态度消极，缺乏行动力，例如成天说对工作的不满，想要辞职，实际上只是说说而已，不过是一种发泄的方式。当他们诉苦的对象是家人时，表明对家庭非常依赖和信任；但当他们向不熟悉的人诉苦时，那可能表明他们的精神接近崩溃，急于寻找依靠。

自吹自擂说大话

话题始终围绕自己，经常说一些吹嘘自己、夸大事实的话。缺乏信心，不喜欢在众人面前出丑，极力掩饰自己的缺点，不停宣传自己的优点，竭尽全力极力塑造自己的完美形象。有时还喜欢向别人炫耀风光的过去，对自己现状的不满。

第七节 谈吐幽默的人

善于自嘲

自信，具有一定的勇气，敢于进行自我嘲讽，给他人带来欢笑。这样做可以营造出良好的氛围，利于交际的开展，为自己带来比较好的人际关系。一般来说，这类人的心胸都比较宽阔，为人虚心，能够接受他人的批评和建议，以便及时改正自己的错误。

扮演小丑来制造幽默

开朗、热情，心地善良，懂得关心和体谅他人。这类人有着孩子一样的天真和幼稚，不喜欢受束缚。他们比较喜欢游乐场里的游戏，以及带有冒险性质的娱乐活动。

事先准备笑话

有些人因为自己缺少幽默感，常常在出席某些场合前特意准备些笑话以备应急之需。这类人对生活的态度往往比较严肃，能够理智地处理事务，不会感情用事。他们比较注重他人对自己的看法，喜欢追求一些形式化的东西。

天生幽默

头脑灵活，才思敏捷，富有丰富的想象力和创造力。这类人崇尚自由，只有在宽松的环境下才能施展自己全部的才能。他们对新鲜事物情有独钟，善于探索和开拓。

用幽默打破僵局

才思敏捷，具有很强的应变能力。这类人的自我展示欲较为强烈，渴望得到他人的关注与认可。在实际生活和工作中，他们常常因为出色的表现而成为受人瞩目的对象。

第八节 说谎者的症状

揉眼睛，多是为了避开对方的眼睛。

东张西望，眼神闪烁或游移。这种人大多生性胆小，会因说谎而自责。本性善良，做事老实诚恳，不得已才会说谎话。

触碰鼻子，不经意地用手碰鼻子。用以掩饰内心的慌张，渴望将对方注意力转移到别处。

捂嘴巴，用手或拳头捂嘴。

抓耳朵，表明说谎者的年龄不大，或者不成熟，性格胆小怕事。

摸脖子，一般用右手食指摸耳垂下边的颈部五次以上，也是表示怀疑或不确定的姿势。

认真做其他事。这说明此人有很多说谎经验，一般年龄较大，说谎话镇定自若。他们本性可能并不坏，只是受生活环境所迫。

说谎者还可能出现其他症状，如说话结巴或语速变快，辩解时声调变化，含糊其辞。表情变得很夸张的"真挚"，或者假装理直气壮的样子。流汗，发抖，舔嘴唇，坐立不安，不合时宜地拍背，举止浮躁，讲话内容前后矛盾。也可能突然跷起二郎腿，双脚不停地晃荡，或者不断交替跷着二郎腿，变换双脚的位置。

女性说谎时，经常会用手指尖摸下眼角，或者向下注视地板、抬头看天花板。

4 第四章

举　止

坐有坐相站有站相真的有讲究

在西方，很早就产生了“身体语言学”，也就是通过四肢和躯体的动作，尤其是无意识的动作，来探查人们的心理状态乃至性格。中国古代在这方面也颇有研究，比如通过走路时双腿双脚的姿态来判断此人的阅历及心胸，曾国藩《冰鉴》所说的“风波看脚筋”就是这个意思。

第一节　与人交谈时的姿态

眼神上扬，看着上方，不正视对方

有可能表示这个人心里有鬼，藏有不可告人的秘密，或者在撒谎。也有一些人用这种表情来表示自己受冤枉了，很无辜。

眼睛不停地往下瞟

表明这个人瞧不起对方，也可能对对方不够重视。

仰视对方

怀有尊敬或信赖对方的意思，非常希望对方能够引导自己。通常，下级对上级会使用这样的目光。

视线朝下

一般发生在上下级关系中，比如上司对下属、老师对学生等，这主要是由威严心理引发的。在平等的两人之间，当一方向另一方投出这样的目光时，他心里是想要压倒对方，可能是想要支配和控制对方，树立自己的权威。

主动与人交换视线

往往心胸比较坦率，为人真诚。

不正视或回避别人视线

缺乏自信。可能是向对方隐瞒了什么，内心紧张，所以不敢正视对方。如果在整个交谈过程中，根本不看对方眼睛，那么此人自卑感可能有点强，他们过于在乎对方对自己的看法，所以害怕与对方的视线接触。这类人有可能缺乏社交经验。

瞄一眼后，立即闭上眼睛

大多是一种信任的表示，即："我非常相信你，决不怀疑你！"也可能是轻视对方，不把对方放在眼里。

交谈过程中的眼神

当一个人与他人目光相遇后马上向下看，并且这样的情况出现多次，则表示此人对对方还未完全信任。

当一个人与他人交谈时，既不抬头，也不看对方，只顾说自己的，这表示此人可能专注于自己想要表达的内容，不太在意对方的态度。

当一个人不停地转移视线，则可能表示他对所谈的话题没有太大的兴趣。如果视线变化非常快，表示此人正在紧张地思考问题。

当一个人的眼神由灰暗突然变得闪闪发光时，表明他对交谈的话题产生了极大的兴趣，希望继续谈下去。

当一个人用犀利的目光审视对方的时候，他的心里可能怀有很深的优越感。

当一个人凝视着屋内，并时不时地微微点头，这可能表明此人有优越感，想要对方绝对服从他的意见。

当一个人久久凝视另一个人时，表明这个人可能有什么心事想要向对方倾诉，也可能在期待对方给自己一个答复，比如一个承诺或者对某个项目的意见。

当一个人用非常友好、坦诚的目光看着对方，而且还时不时地眨眨眼睛，这表示对方给他的印象非常好，即使对方犯了一些错误，也可以得到他的原谅。

当一个人流露出注视远方的眼神，则表示他可能没有专注于谈话，心里正在盘算其他的事。如果这种情况出现在重要的谈判中，则表示他正在心里策划如何在谈判中获得最大的利益。

演讲时观众的眼神

如果你发现下面的听众全神贯注地凝视着你，眼睛都不眨，那么有两种可能。一种可能是他们很关注你演讲的内容，另一种可能恰恰相反。仔细观察的话，你可能会发现他们眼神木然，目光空洞，似乎在睁着眼睛睡觉。这表明他可能早已经心不在焉了。如果一个人一没事就两眼发直，有可能是思维迟钝的一种表现。

突然抬头

突然抬头，表示惊讶，感到意外。

头部略微抬起的男人

体现坚毅刚强的性格，给人一种积极上进的精神面貌，显得有力量。

头部略微低下的女人

略微低头，目视前方的女人，显得温柔娴静、有气质。

摇头和点头

点头，表示赞同、默许。

摇头，表示不同意对方观点，或有所怀疑。

摇头晃脑，表示自我欣赏，或陶醉在某种氛围中。

在聊天的过程中，如果缓缓地晃动头部，说明交谈的内容可能让他非常震惊，难以置信。如果总是不由自主地摇晃头部，而且频率很高，可能表示这个人正在说谎。一般说来，点头表示同意，但如果点头次数过多，说明此人并没有完全理解谈话的内容，只是随声附和罢了。

在日常工作生活中，如果某些人总是习惯性地摇头或点头，以表示对某些事情的评价，那么他们往往善于表达自己的观点，很会表现自己，但过于多嘴、过于活跃，容易遭到别人的厌恶。他们自我意识强烈，工作积极，态度乐观，看准一件事情之后，就会努力工作。

头部僵直

表示他对自己的观点很有信心，无所畏惧。也有可能表示谈话的内容让他感到无聊，让人发呆。

头部移向侧面

这是一种保护性的动作，说明此人想借助这个头部动作来掩饰自己的真实意图。他可能想回避正在交谈的话题，也可能心里不屑于听对方所说的话。

垂头

低头认罪似的姿态。要么是因为做错了事，感到惭愧、懊悔，要么是以消极的方式应付对方，不想和对方继续交谈。可能表示精神萎靡不振，提不起兴趣，被一些事情困扰而产生厌烦情绪。

如果突然低下头，试图要把脸部隐藏起来，那么或者是在表示谦卑，或者是感到害羞，或者是因为过度紧张而导致脖子酸痛。

低着头，而且眼睛看着别处，尽量不让你看到他的眼睛，有两种可能：他可能不同意你的说法，正在思考如何反驳你；另一种可能是他有心事，但又不想让你发现，所以尽量避开你的目光，怕眼睛泄露自己的秘密。

触摸对方的头部

在交谈时，如果下意识地触摸别人的头，往往意味着把对方当作小朋友或晚辈对待；也可能非常爱护对方，把对方当作需要照顾的小朋友。

用手拍打或触摸自己的头部

拍脑袋有时是一种自我谴责的信号，但拍的部位不同，所表示的意思也不同。拍打前额，可能表示忘记了，很不好意思，但并不感到惶恐不安；如果拍打后脑勺或脖颈，则可能表明他不仅后悔，而且有些害怕。

专家对拍前额和脑后的人进行研究，结果发现，那些习惯拍前额的人往往心直口快，比较容易与人交往；而拍后脖颈的人往往性格消极，做事散漫。

如果聊天的过程中，你的听众不停地碰触自己的头部，比如轻轻敲打头部、挠头、抓头发、以手掌按揉太阳穴等，这有时表明他正在思考问题。如果他的动作突然加快起来，说明他加快了思考的速度。

触摸对方的脸

往往表示双方关系非常亲密，不分彼此，双方都有很强的信任感。

触摸自己的脸

在谈话中，触摸自己的脸部是很常见的。当觉得疲惫、不安、不悦或痛苦时，最容易用手来摸脸，尤其是触摸口、鼻附近。

用手摸眼角或用手抵住眼旁

可能表示正在思考着某件事，犹豫不决，不知该怎么办。

手指触摸鼻子

可能正在盘算如何拒绝对方。指尖顶着鼻翼，是怀疑对方的话，不断重复这一动作则可能表示“拒绝”。手指堵在鼻子下面，可能表示心里很不高兴。

低下头，用手捏捏鼻梁。这个动作表示自我冲突激烈，正在集中精力思考问题，以便做出决策。商业界人士常用这种姿态表达其对现状不满或陷于困境的意思。这种时候，我们最好保持安静，等着他理清思路。一般情况下，他会在短暂的沉默之后对正在讨论的事情提出异议，并提出自己的看法。

用手托住或抚摸下巴

手托下巴，眼睛注视前方，可能表示他正在思考，而且感到很迷茫。初次见面的人如果这样做，往往表示不想再谈下去，或是有“我很忙，还有别的事要做”的拒绝含意，希望能尽快结束谈话。

不停地抚摸下巴，说明他与对方话不投机，或者他根本没听对方在讲些什么，而是在想自己的问题。

用拇指托着下巴，其余手指遮住鼻子或嘴巴

可能说明此人对探讨的问题有自己的见地，很可能是不同意对方的意见，但又不方便指出来，所以下意识地用这种具有防卫性的姿势防止自己说漏了嘴。一般来说，交谈过程中用手遮住鼻子或嘴巴的人，有两种可能：要么可能是在说谎，借助这个动作来掩饰自己；要么可能就是不同意对方的说法，想反驳对方。（见图 4-1）

图 4-1

听对方讲话的时候，用手托着脸颊

可能说明对方的讲话让他感到很无聊，希望对方能尽

快结束话题。喜欢做出这种动作的人也可能比较慵懒，有时候会对生活缺乏热情，喜欢发呆。

掩口、手托额头或腮帮

如果与人说话时喜欢以手掩口，那么她往往比较注重小节，做事仔细周到，但可能魄力不够；也可能只是表示害羞、困惑、为难。

手支在腮帮上，用一只手撑着脑袋，这种动作表示很想依靠某人，需要他人的支持和帮助。

捂耳朵、捂嘴巴和揉眼睛

这些手势有可能说明此人在说谎，或者心怀厌恶。儿童向父母撒谎时，往往不由自主地用手把嘴捂住；不愿意听别人教训时，也会把耳朵捂住，或者揉眼睛。他们企图用这些动作转移注意力，避开长辈的眼光。随着年龄的增长，这种捂耳朵、捂嘴巴和揉眼睛的动作变得越来越隐蔽和微妙，但所反映的心态大同小异。习惯于这些动作的成年人往往有些儿童化，社会阅历不多，与人交际不够老练。

说话时经常用手捂着嘴巴的人，这类人性格比较内向和保守，容易害羞，特别是在不熟悉的人面前更是寡言少语。他们不会轻易地在别人面前展示自己，更不愿意让人知道自己的弱点。

抚摸耳垂或拉耳垂

聊天时，如果某一方不断地伸手碰耳朵，那么他可能已经没有耐心听你讲下去了，希望能够截断对方的谈话。他只想当一个演讲者，而不想当听众。有这种习惯的人往往有些神经质，内心里跃跃欲试但又比较胆怯，所以才产生这种多余的小动作。希特勒就是一位习惯于拉耳垂的人，这也许与他早年不顺利的生活有很大关系。

嘴部的动作

嘴唇两端稍稍向后拉。说明此人正集中精力听对方讲话，对交谈的话题很感兴趣。

双唇紧闭或用牙齿咬嘴唇。说明他正在认真聆听对方的讲话，同时也在认真揣摩对方表达的真正意思。这类人的分析能力很强，做事能三思而后行。

小声重复对方的讲话

说明此人很重视对方的讲话，并试图揣摩对方的真实意图。

表情生硬，身体板直

如果对方坐着的时候，面部表情生硬，身体板直，说明他此时非常紧张，生怕有什么闪失会影响他的形象。

无声的肩部动作

向前挺肩膀，可能表示有巨大的精神压力，有责任需要承担。

向后缩肩膀，可能表示愤怒，将心中长久积压的一股怨气集中释放出来。

耸肩或耸肩加摇头

内心不安、恐惧、无可奈何，或者表示自己毫不知情、满不在乎。也可能是作态，在自我夸耀。如果对方只是耸耸肩，说明他不同意你的意见；如果他一边耸肩一边摇头，并且连续做这个动作，可能表明他不仅不同意你的意见，甚至还有些鄙视你。

触摸肩部

在谈话或者聚会中，当一个人想要改变气氛或者从讨厌的话题中解放出来时，通常会用手去摸自己的肩部，好像要拂去什么东西似的。

如果在谈话中伸手轻轻碰触对方的肩部，这是友情的表示，是向对方强调“我们是气息相通的好兄弟”的善意。

如果把双手都放在对方肩上，而且身体靠近，则表示“想要和你亲近”或者“希望你能理解”的意思。

触摸后颈

性格内向，用手触摸后颈，可能表示懊悔或者害羞的心理状态。遇事感到手足无措，经常做一些小动作掩饰自己的不安情绪。

抚摩自己的胳膊

这种动作女性做得较多。如果她一边跟人谈话，一边抚摩自己的胳膊，那么她一定非常喜欢自己，也认可自己又担心别人并不像她自己喜欢自己那样喜欢她。

突然抱起胳膊，坐在椅子上跷起二郎腿

表明沉默多时的他准备发言了，而且是要发表不同的意见。

双手环抱胸前

两只胳膊环抱胸前，身体微转，可能说明你给他的印象不是很好，他想找机会走开，结束这次交谈。

如果在你说话的时候，他的两臂环抱胸前，这表示难以接受你的观点；如果这种动作之外还加上两肩耸起，是表示不信任，态度轻蔑。

双手交叉胸前、一只手捏着下巴，是表示十分关注对方的话，正在聚精会神地倾听着。这种人最大的特点是尊重他人，能为别人着想。他们办事稳健，细心周到，朋友很多。

双手交叉

自然地将两手交叠，一只手握住另一手的腕部，这个动作说明此人可能有点孤单。在与人对话的时候，如果对方叉手而立，这表示无法认同他人的想法，含有批判的意思。如果两手交叉的动作很大，则有封闭自己、拒绝与对方深谈的意思，态度很坚决。在大会或演讲中，如果听众叉着手，可能表示对演讲毫无兴趣。

摊开手掌

这个动作象征着坦率、真挚和诚恳。

双手摊开放在桌面上，是表示真诚、坦然或无可奈何。这个动作可能还同时伴有耸肩，这更说明此人真诚、坦率，当自己无能为力的时候，可以直言相告，不加掩饰。

双手前伸、呈拥抱状的人

这种动作意味着开诚布公、毫无保留，表示愿与对方建立紧密的关系，并希望对方能给予肯定的回复。动作的发出者大多非常自信、充满热情，能够尊重他人，容易与人合作。

脱掉外衣或解开纽扣与人交谈的人

自然而然地解开外衣纽扣或干脆把外衣脱掉，这说明他对交谈的对象非常坦诚和友善，并没有讲究客套和礼节。在很多场合，这样的动作容易被对方误认为是不尊重、不礼貌的行为，而他没有注意这些，显然是没有把对方当作外人。

在谈判桌上或者交际场合，这种动作表示对对方怀有好感，准备开诚布公，希望达成协议。一般说来，不管多热，如果他觉得问题尚未解决，他是不会脱掉外套的。

至于那些一会儿解开纽扣，一会儿又扣上的人，就与上面所说的人不同。他们给人的感觉可能并不亲切，性格犹豫不定，做事迟疑，缺少果断的作风。

双肘支在桌子上，两手交叉

这个动作女性做得较多，相当于用胳膊支起了一道屏障，阻挡对方的入侵，无意识中表达了“拒绝”的意思。如果在交谈过程中对方做出这种动作，可能说明对方有对立情绪，或者对方想掌握谈话的主动权。

说话时双手合握

防御心比较强，城府较深，不容易信赖别人。同时，此动作也容易让对方感到紧张，产生防御心理。

十指交错、两手互钳

表面上看，这个动作使人显得充满自信，实际恰恰相反，这可能是一种焦急而沮丧的姿势。当一个人刚刚失恋，刚刚失去一笔好生意，刚刚错过一个机会的时候，他们可能会故作镇静，将十指交叉起来，显得若无其事，实际上内心里却非常沮丧。

十指交叉有时也意味着敌对情绪，而敌对或沮丧情绪的强度，会体现在这种手势的高度上。这种手势通常有四种位置：脸前、桌上、膝盖上、腹部。一般而言，位置越高情绪越强烈，也就越难对付。为了缓解敌对情绪，可以递给他一本书之类的东西，以便使他紧扣的十指松开，让他的心理得到放松。

两手相对成尖塔

这类人往往非常自信，甚至有些高傲。他极有可能是大公司的高层白领，有一定的经济地位，受过相当不错的教育，思想观念比较符合潮流。

边说话边打手势

喜欢用有力的手势对所说的话进行解释、强调和说明，如挥舞手臂、摊开两手、拍打心口等。这样的人善于交际，即使是与陌生人交流，也毫无拘束，让人感到一股热烈的气氛。比较外向，自信心强，具有果断的决策力，雷厉风行。很有气概，习惯于把自己塑造成领导型人物，喜欢发号施令。这类人极具感染力，激烈的情绪和良好的口才很容易打动人心。他们讲究礼节，会献殷勤，很有责任感，与异性一起时乐意扮演“护花使者”的角色。对待朋友，他们相当真诚，但不轻易把别人当作知己。

如果一个人经常有无聊的手势，与情绪和讲话内容不和谐，则说明这个人虚荣心和表现欲望比较强烈，重视表面化的东西，内心虚弱，没有真性情，而且自制能力比较差。

从举止上判断上司是否在拒绝人

例如在开会时，会议的主管原本规矩地坐在椅子上，这时突然移动身体，将脚朝向门口，说明他将要结束这次会议。所以下属应该注意自己的言行，尽量减少发言，或者做到言简意赅，绝对不能拖泥带水。

如果对上司提建议，上司避开你的目光，或者轻轻皱眉，那么表示你的建议没有得到采纳。要是你依然滔滔不绝地阐述自己的观点，上司又做了看表的动作，或是叹气等表示不耐烦的行为，甚至当面直接回绝，或借口有事离开，那么可能说明他此时已经有点生气了。

第二节　坐姿

就座的位置

喜欢坐在桌子的一角，这种人个性内向，行为拘谨，缺乏自信心。

习惯背对房间门口坐的人，往往处于心理劣势，惴惴不安。

被安排坐在房间深处、面向门口的人，大多属于权力意识较强的人，而且很可能位高权重。

有的人喜欢挑选靠近房门的座位，这种选择含有警戒和监视的意味。这种人具有较强的权力意识，而且比较谨慎。

在所有就坐位置中，呈对角线位置落座是相距最远的。这种人非常成熟，很多人会误以为他们冷淡，实际上他们尊重别人，做事不会强人所难，善于与人沟通，可以与人建立彼此信赖的平等关系。如果某人选择与你呈对角线的座位，那么他应该对你非常信赖。

距离与方向

彼此间的实际距离常常代表着心理距离，实际距离小，说明双方关系比较亲密，反之则表示疏远。在交谈中，如果一方不断地靠近另一方，表示他想拉近彼此之间的关系；反之，则表示他想保持一定的心理距离。

并排坐着的人，如果改成面对面坐着，这表明某个话题引起了双方的兴趣，也可能表明彼此之间产生了猜忌。反之，如果由面对面坐着改成并排坐着，则表示两人之间的心理距离正在缩小。

盘坐

通常是害羞、忸怩或者缺乏自信心的表现。

如果男性采取这种坐姿，通常还会握起双拳放在膝盖上，或双手紧紧抓住扶手；而女性则会把双手自然地放在膝盖上，或把一只手放在另一只手上面。这种动作是一种防范性的坐姿，用以控制思想情感的表露，消除紧张情绪和恐惧心理。

浅坐

坐在椅子前半部分，不靠椅背。这样的人多半是在赶时间，或对眼前的人抱着强烈的警戒心理。如果日常生活中总是采取浅坐姿势，那么他们往往属于神经质的人。他们极度在意细枝末节，但有时候容易在大事上吃亏。

深坐

仰靠椅背，深深地坐在椅子里，显得稳若泰山。这种人如果不是具有很强的优越感，那么就是非常自信，内心很安稳。

如果采取这种坐姿而且双手环抱在胸前，那么这种人的个性往往有些飞扬跋扈，有点顽固。

斜躺着坐

一般而言，斜躺着与人说话的人比坐在他身边的人更具有优越感，或者内心希望居于比对方更高的地位。他们多是具有某种能力或实力的人，所以才有斜躺着说话的资本。

如果斜躺着说话的人并没有更高的地位，那么这种看起来轻松的姿势意味着并不轻松的心态。他们很可能对他人有些许怀疑，内心深处极度不安，甚至可能非常自卑，对外界有抵触情绪。与这样的人沟通并不容易，若想与他们保持良好关系，就必须尽量采取低姿态，让他们获得心理满足。

如果一个人半躺而坐，双手抱于脑后，双肘朝外，非常愉快地与人聊天，那么他们与前面所说的人很不一样。这种人充满朝气，性格随和，很受大家欢迎，并能得到信赖。他们善于雄辩，但并不逞强好胜，不会不分场合地表现自己。

背靠着别人坐

听者的后背靠在别人身上，身体深深地凹坐在座位上，很少活动。这说明他对你所讲的内容漠不关心，希望讲话尽早结束；这种姿势也可能是他的优越感太强，不把讲话者当回事。如果他挺起胸脯，头朝天花板，用下眼皮看你，则可能表示轻蔑和厌恶。如果他还把手放在桌子上并紧握双拳的话，那么就表示他要威胁你了。

挺直腰杆

在谈话中挺直腰杆，很可能是一种恭顺行为，是为了取悦对方。也有可能是被对方的言谈吸引，激起了浓厚的兴趣，或者欲向对方表示心理上的优势。

上身前倾

说明听者对你或你讲的内容非常感兴趣。如果同时还伴有搭手腕的动作，那么可以肯定，他的兴趣极大。他迫切地希望了解更多内容，所以身体才会前倾，想尽量接近你。看着他身体向前倾斜的样子，好像在说："然后呢？"

在他人面前猛然坐下

看上去显得随随便便、不拘小节，实际上内心正隐藏着不安，或者满怀心事不愿透露。这个动作可能只是用来掩饰自己压抑心理的假象而已。

双腿双脚并拢，两手放在膝盖上

这种动作显得非常端正，表明此人对所处的环境充满了局促和不安，内心缺乏自信，胆怯、害羞，对新环境的适应能力比较差。

性格内向，相当传统和保守。不善于表达自己，哪怕与自己最倾慕的人在一起，也说不出一句"火辣"的语言，更做不出亲热的举动。

他们对人非常礼貌周到，喜欢替别人着想，有时候甚至违背自己的意愿去做一些事情。很多朋友会为此而感动不已，因此，他们虽然性格内向，不善交际，但真心朋友却不少。不过，对陌生人来说，他们说话办事都过于拘谨了，给人一种不自然的感觉，有时候甚至会让人误解。

在工作上，这种人踏实认真，埋头努力，很可靠。他们坚信“一分耕耘，一分收获”，极端厌恶那种夸夸其谈的人。

双腿双脚并拢，两手交叉放于大腿两侧

这种人有时性格古怪，为人刻板，固执己见，不喜欢接受别人的意见，哪怕明知别人的意见是对的，也不肯听从。

工作上缺乏耐心，有时会显得极度厌烦。喜欢夸夸其谈，凡事都想做得尽善尽美，但无法落到实处，总是把注意力放在遥不可及的事情上。在爱情和婚姻方面，他们比较挑剔，看上去好像比较慎重，事实不然，他们找对象是用自己臆想中的“模型”去套现实中的人，稍微不合都不行。这些都是不现实的做法。所以，这种人总是不停地在探索与尝试，渴望找到生活的平衡感。

不过，这类人富于想象，也许他们只是走错了门路，如果在艺术领域发展，也许可以做得很好。（见图 4-2）

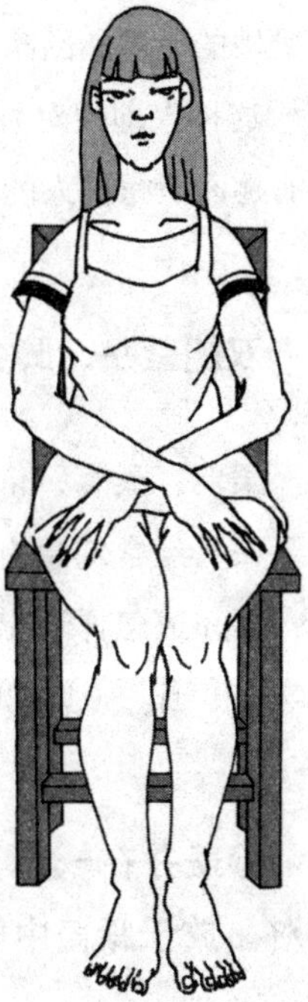

图 4-2

双腿并拢，平直伸出

这种人往往性格开朗，处事果断，有较强的组织和领导才能，具领袖风范。合群，能够在短时间内和身边的人打成一片，并成为人群中的焦点。不为世俗观念所束缚，有自己的主见，不易被人左右。总的看来，这种人往往能够实现自己的目标，属于事业型。

在人际交往上，他们很注重各自的独立性。即便听了别人的秘密后，也绝对

不会四处宣扬，而且还会提出很好的建议。同时，这种人也很善于自我保护，除非万不得已，否则绝对不会说出自己的隐私。（见图 4-3）

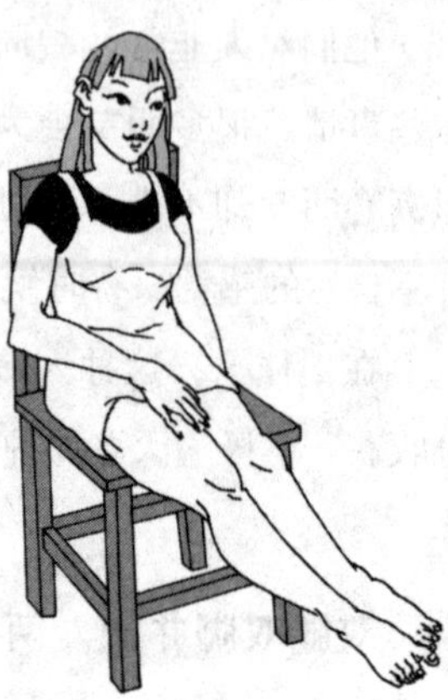
图 4-3

双腿并拢，向左或向右歪着

这种坐姿在女性中较为多见。这样的女性自尊心极强，自信而骄傲，在与她交往的过程中必须注意不要伤害到她的自尊心。另外，她们渴望受人瞩目，称赞她的容貌和品味，容易赢得她的好感。

这种人即便对好友也保持一定的距离，对他人的隐私并不关心，不会因为觉得有趣而泄露他人的秘密。

双腿紧贴、脚尖内敛的女人

柔弱，天真，依赖性极强，希望得到别人的照料，在紧要关头经常幻想有人出面为自己排忧解难。遇事缺乏主见，不知道怎样迈出第一步，期望别人出面代劳，有时容易吃亏上当。（见图 4-4）

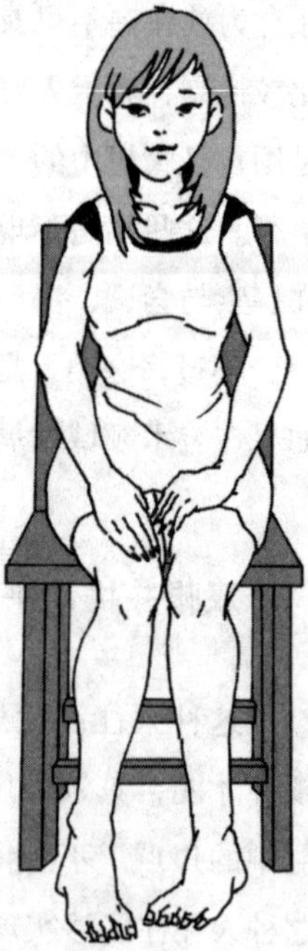
图 4-4

膝盖并在一起，小腿分开成“八”字形，两手掌相对，放于膝盖中间

这种坐姿女性做得较多，这种人天性害羞，总是脸红，最害怕的就是与人交际。他们有着非常细腻的情感世界，但并不容易让人发觉。

他们对朋友是相当真诚的，朋友有求于他们的时候，只需打个电话就行。

他们思想传统，习惯于以过去成功的经验作为依据，甚至以几十年前的社会规则作为自己处世的原则，有些因循守旧。（见图 4-5）

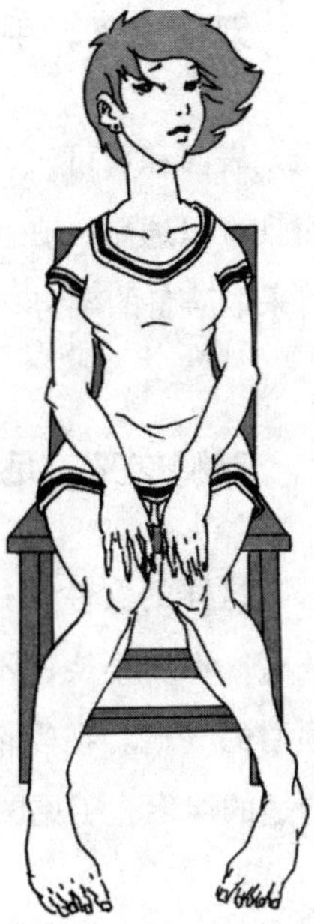

图 4-5

膝盖的方向

两人并排坐着的时候，如果对方的膝盖或脚尖偏向你的方向，是表示好感，反之则意味着漠不关心或带有敌意。

两膝分得很开并尽量前伸

两膝前伸，但双脚缩回。这种动作表示对当前的话题不感兴趣。如果一个人经常性地摆出这种姿势，那么他很可能有强烈的支配欲和占有欲，与这样的人交往很难平等互敬。

双腿交叉，双臂张开

喜欢与人亲近，平易近人，能够为大众所接受。骨子里暗藏一股霸气，希望驾驭一切，对什么都喜欢发表意见，属于领袖气质的人物。他们善于对他人进行细致入微的分析和观察，然后再与之接触。善于接纳他人的意见，但可能大部分时候又很少流露自己的真情实感。

他们的内心是相当沉着冷静的，随机应变能力很强，在突发事件面前能够迅速做出反应。

如果女性习惯于这种坐姿，那么她们往往具备普通女人所不具备的刚烈性子，是女强人。

双腿交叉、手按膝盖的女人

表面和蔼可亲，实则严厉苛刻。对他人要求严格，而且难以通融，在生活和工作上都很谨慎，对外界随时采取防备的架势，不喜欢过近的接触。（见图 4-6）

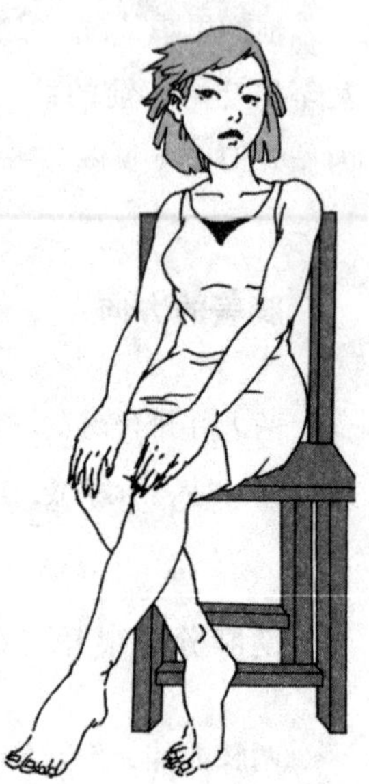
图 4-6

双腿交叉、足尖着地的女人

这样的女性往往野心十足，理想抱负很高，精力旺盛，不屈不挠，不达目的誓不罢休，很有巾帼不让须眉的气概。在爱情方面过于苛求完美，不容易找到合适的伴侣。（见图 4-7）

双腿分开的幅度

双腿稍微分开，表示愿意接纳对方，态度平和。

双腿分开距离较宽，两手随意搁，整个姿势显得很开放。此类人大多不满足于普普通通的生活，总想做一些其他人不能做的事，特别喜欢标新立异。由于他们追求新奇，所以会成为引导都市消费潮流的“先驱”。这种人总是笑容可掬，喜欢交际，人缘非常好，因为他们不在乎别人的批评，这是其他人很难做到的。就此而言，他们很适合当社会活动家或做类似的工作。

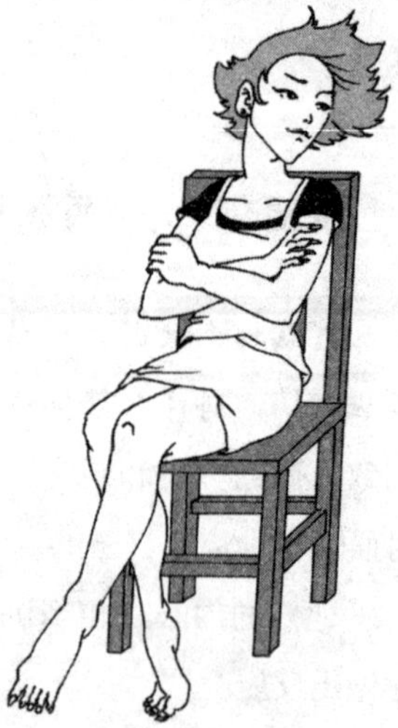
图 4-7

双腿分开，两脚跟靠拢

女性很少有这种坐姿，否则显得不雅。这种坐姿多出现在比较肥胖的男人身上，在谈话中，这种坐姿很容易让人产生一种优越感，更容易控制局面。这种人一般都有较强的自信心，任何时候都希望把自己塑造成核心人物。

有的人在这种动作的同时，习惯于把两手放在肚脐部位。这种人勇气十足，富有决断力，一旦认准某件事，会立即付诸行动。性格霸道，好战，敢于与人抗衡，也敢于承担责任。这类人适合当领导，也许很多人并不真心地尊重他们，但也会被他们那种无形的力量震慑住。他们不够圆滑，难以成为处理人际关系的老手，每当遇到棘手的人际关系问题时，他们就会求助于自己的朋友或爱人。

单腿弯曲，另一腿伸直

表示拒绝。男性两腿并拢端坐时也可能表示同样的心态。

坐在椅上立即跷起二郎腿

是想显示自己的精明强干，同时也反映出较为自信和随便的性格特征。若是男性，多表明他的内心有很强的对抗意识，不服输；若是女性，则说明她很希望对方能够给予足够多的关注。

跷二郎腿时哪条腿在上

习惯于右腿在上。这种人往往性格较为内向，不易接近。善于配合别人，对能够主动引导自己的人怀有好感。

习惯于左腿在上。这种人大多性格开朗，喜欢交往，凡事积极主动，稍显张扬。

两脚着地并分开

微微分开。这一类型的人往往自我要求很严格，认真、实在、有条理，做事情脚踏实地，值得托付。好胜心很强，从不轻易服输。非常理性，随时可以让大脑保持清醒，从不放纵自己，对那些无视道德和法律的人不屑一顾。

分得很开。这一类型的人大多开放、热情，笑容满面，真诚待人，与他们在一起会觉得相当放松。他们会有很多不错的新老朋友，人际关系相当不错。他们天性宽容，具有一定的忍耐力，能够认真倾听他人的谈话，是很好的听众。他们的判断力比较强，遇事能做出正确的选择，这一点值得许多人依赖和信任。

两脚交错

这种人很可能是如同孩子一样幼稚的浪漫主义者。他们喜欢想象，恋爱方面也崇尚精神上的交流。

在人际交往方面，他们是缺乏心计的。不建议对他讲你的隐私，他们虽然没有恶意，可是有时知道了他人的秘密后，喜欢到处宣扬。

脚尖乱踢

表示不安、焦虑和拒绝。心理学实验表明，当对方过多地侵入自己的内心世界时，为了消除紧张情绪，人们会通过摇动身体来达到分散能量的目的，而最初级阶段就是频频地踢脚尖或用脚尖拍打地板。如果在谈话过程中对方有这样的动作，那么请注意，你还是趁早转换话题为妙。

做出这种动作表示有问题发生，很费脑力。但如果并没有发生什么问题，还是出现这样的动作，则可能说明这个人比较暴躁、易怒，缺乏耐性，不够沉着冷静。

双脚频繁地交替跷起

如果是在谈话的场合，这种动作表示心不在焉，盼着早点结束，想尽快逃离。如果与你谈话的人双脚频繁地交替跷起，那最好换个话题；如果不管谈论什么话题，对方都是同样的姿态，那么最好尽早结束谈话。

用手抚摸颈后

这种姿势在心理学上被称为“防卫式的攻击姿态”，意味着出现了懊悔或怨恨等负面情绪。在遇到危险时，人们会不由自主地用手护住脑后，而在防卫式的攻击姿势中，手放在了颈后。男性采用这种姿势，可能表示他在想办法反击；女人伸手向后，撩起头发，可能是在掩饰自己的恼恨情绪，并装作毫不在意的样子。

身体弯曲，双手夹在大腿中间

如果不是因为冷，那就可能是自卑感很重，缺乏自信，所以在不知不觉中采取了防卫姿态。拱背而坐的人，大多性格内向，防御性极强。这一类型的人常有许多期待，但却并不付诸行动将这些期待变成现实，有时候却选择一味地等待，所以总是处在相当被动的位置。

如果你面前坐着的谈话者绝对不是这种性格，那么他可能是有些恐惧畏缩，也可能没有专心听你讲话。（见图4-8）

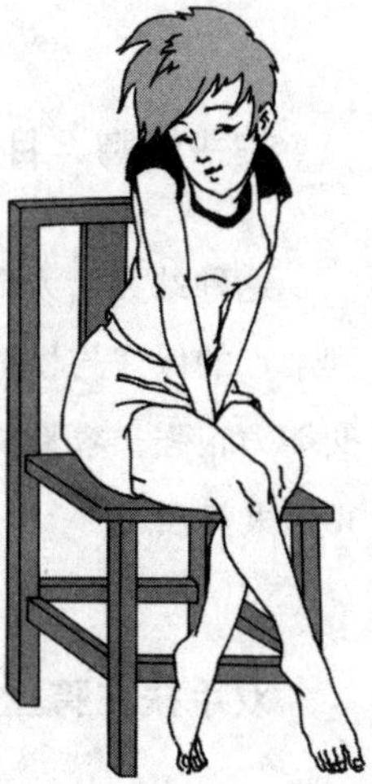

图 4-8

把双手垫在屁股下边坐着

这种人心理负担非常重，但又总是竭力控制自己的情绪不让它发作。与他们打交道要小心，说不定什么时候他们就会改变心意。（见图 4-9）

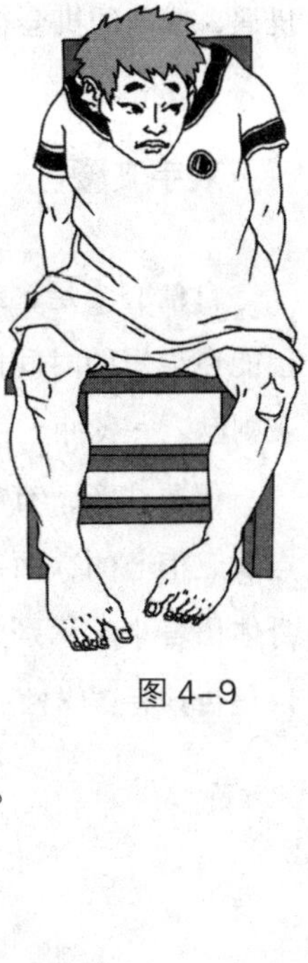

图 4-9

与朋友就餐时的坐法

如果朋友二人去吃饭，坐在长方桌子旁边，那么他们之间的亲密度可以通过坐法判断出来。

倘若两人坐在桌子的同侧，相邻而坐，说明两人很喜欢倾听对方的话，关系亲密，属于特别交心的朋友。

年龄较小的朋友之间，通常喜欢并排相邻而坐，要是到了一定年龄，还喜欢这种坐法，表明两位朋友仍然具有童真。

倘若两人面对面坐着，说明朋友间很坦诚。

如果两人分别坐在对角线最长的桌子两端，可能说明两人的心态很成熟。

第三节　站姿

抬头挺胸、目光直视

这种站姿给人以“精力旺盛”“信心十足”的印象。在这样的人身上，找不到半点的保守与畏缩，即使经济比较困难，仍然显得具有充分的实力。他们的社交能力很强，容易成为社交圈里的领袖人物。在事业上，他们有胆有识，容易做得财大势强。

双手扶在胯上

这样的人往往比较急躁，恨不得所有的事情都能一揽子解决，一刻都不要拖延，而且最好能立竿见影。这种人如果有很强的工作能力，就会抓住眼前稍纵即逝的机遇，成功的机会很大；反之，则往往欲速不达，容易把自己弄得遍体鳞伤。

双手叉腰

自信心十足，或在心理上取得了优势。这种人大多野心勃勃，敢想敢做，希望能在最短的时间内、经过最短的距离达到自己的目标。这种人的特征是：“不飞则已，一飞冲天；不鸣则已，一鸣惊人。”遇到这样的人，可千万不要小瞧。

但要注意，有的人只是装腔作势，摆的是吓唬人的花架子。他们对自己是有点缺乏信心的，面对不熟悉的人和事很不安，为了加强自己的气势，才利用这种身体语言来暗示别人：我不是好惹的！辨别他们的方法，可以通过分析他们的言谈是否具有逻辑性。

俯首躬身、微收双肩

这种站姿看上去温文尔雅，恭顺柔和。这类人往往谦虚谨慎，但有时会自信心不足，遇到较大的事情时会不知所措，缺乏当机立断的勇气。他们喜欢稳定的生活，努力把生活经营得井井有条，希望能表现自我，但由于性格过于内敛而不敢充分展现自己，不太容易引起别人的注意。

略显佝偻的人

这类人容易显得无精打采，情绪消沉。他们可能有一点自我封闭的倾向，戒备心理比较强烈，不容易接近，和他们成为知心的朋友可能有一定的难度。他们看上去饱经风霜，事实上也许并没有经历过什么苦难，因为独特的性格会使他们避免陷入波折之中。之所以这样站立，也许是潜意识中在躲避被人攻占。

靠着其他东西站立

这种站姿的人可能是在某方面经受过打击，事业或生活上没有获得成功，内心有很强的挫败感。他们心无城府，不善于隐藏自己的思想感情，想表达什么就表达什么，但能够把握好分寸，不至于惹人厌烦。在人际关系上，他们不斤斤计较，坦诚体贴，能够设身处地为对方着想，容易接纳别人。

“稍息”的人

采用这种姿势站立的人，通常有很强的自信心，有驾驭对方的心理，将会在之后的交谈或交往过程中发起攻势。他们对生活和工作有十足的把握，喜欢控制全局，统领一切，属于有领导气质的人。

喜欢抖动腿脚者

抖动小腿或脚尖，带动整个腿部颤动，有时还用脚尖磕打另一只脚，或者用脚掌拍打地面。这种人大多性格比较传统，不怎么在意他人，也不怎么善于交际。

双脚自然站立，左脚在前，左手放在裤兜里

这种人敦厚笃实，人际关系较为协调，从来不给别人出难题。他们总是先站在别人的立场上替别人着想，帮助他们分析利弊，这种无私的举动往往会在人际关系中收到神奇的效果，会带来很多朋友。

这种人往往喜欢安静的环境，给人的第一印象比较斯文，不过一旦发火会比一般人还要暴躁。在男女关系方面，他们持一种比较自由的观点，反对互相束缚，讨厌把感情建立在金钱上。

双脚自然站立，双手一会儿插进裤兜，一会儿又抽出来

这种姿势给人的感觉，好像是有很多事情等着他去忙，其实他可能并不忙，只是比较局促不安，有些手足无措。这种人的性格比较谨慎，凡事喜欢三思而后行。在工作中，他们缺乏灵活性，处理问题比较呆板，事后常常后悔。

他们把爱情看得异常神圣，不会轻易喜欢上任何人，更不会轻易表达爱意。

两腿交叉并拢，一手托着下巴，一手托着另外手臂的肘关节

这种人很可能多愁善感，喜怒无常。但他们的性格并不乖僻，也不阴冷，而是对这个世界充满爱心，具有奉献精神。他们在事业上颇为自信，工作起来非常专心，而且大多数是工作狂，废寝忘食的行为对他们来说是家常便饭。他们很坚强，一般不会向人屈服，更不会由于暂时的失败而轻言放弃。（见图 4-10）

图 4-10

两脚并拢或自然站立，双手背在身后

这种站姿可以称为“服从型的站姿”。这类人在感情上大多比较急躁，但人际关系处理得相当融洽，其中最大的原因是他们很少对别人说“不”。

这种人在工作中缺乏开拓和创新精神，但是踏实细致，一切都按照最传统、最牢靠的方式做，所以很少有人反对他们，更不会受到领导的批评。他们对生活很知足，不愿与人发生任何争斗，总是乐呵呵的。对于上司，他们会发自内心地顺从，而且很合乎规范地赞美他人，他们并不是存心阿谀奉承，但是往往更得领导的欢心。

双手交叉抱于胸前，两脚平行站立

这种姿势显得攻击性十足，不可一世，我们经常会在电影里看到这种架势，尤其是黑社会的打斗场面。这种站姿的人叛逆性很强，争强好胜，时常忽视或贬低对方的存在，具有强烈的挑战心理和攻击意识。这种人不太会保护自己，好打抱不平，容易惹麻烦。在工作方面，他们不会被传统束缚住手脚，他们的创造能力总是比其他人发挥得更淋漓尽致，这可能不是因为他们更聪明，而是因为他们更敢于发挥自己。

双手叉腰

作为一个旁观者在认真听别人说话时，双手叉腰的动作，可能表示想一听究竟的决心。一般是非常执着的人，凡事讲求清楚明白，不会轻易半途而废。双手叉腰是独特的站姿，表现出雄心勃勃，气势非凡的样子。这些人敢于挑战，为了达到目的可以勇往直前。

第四节　步态

以跳跃的方式走路

连蹦带跳，每跨出一步身体就要向前跃出一步。这是一种欢乐的步态，此人一定是获得了意想不到的或盼望已久的好东西，心情非常好。

这种步态显示了走路者的健康与乐观。他们大多城府不深，不会隐藏自己的心思，人缘比较好。

慢腾腾地走

当一个人觉得灰心丧气、疲倦或心情郁闷时，可能会出现这种步态。动过手术的病人、流落街头的老人好多都是这样慢腾腾地走。这种步态常见于早衰的底层劳动者身上，他们在心理上总是屈从别人或不堪重负。

如果一个人习惯于这种步态，仿佛身处沼泽似的，步态艰难缓慢，迈步迟疑不决。那么他可能性格胆小，保守，不愿意冒险。心事很重，遇事犹疑不决，总是错失良机。为人老实敦厚，待人真挚、重感情，交友慎重。另一种可能是无所事事、游手好闲、这种人可能性格迟缓，容易自暴自弃，缺乏进取心。

走路不疾不缓

双手轻松摆动，走起路来显得文质彬彬。这样的人大多富有教养，喜欢平静，愿意安身于的生活之中。在工作中，他们遇事冷静沉着，有一定的能力。

走路用力且急促，但上半身却基本保持不动

这种人可能比较保守，不喜欢参加太多的交际，但是他们头脑聪明，做起事来不动声色，经常给人带来意外的惊喜。

走路时手臂摆得很高的女性

通常精力充沛、充满快乐的女性会这样走路。如果精神沮丧，充满苦闷、愤怒或思绪混乱，走路时是很少摆动手臂的。如果一个女性走路时总是摆动手臂，那么她往往信心十足，干劲旺盛，充满活力与斗志。

身体前倾的人

走路时上体前倾，看上去像猫着腰，但并不是因为走得太快需用身体来平衡，相反，步伐还非常平缓。这种人的性格可能比较内向、温和，一般都有良好的修养，对自己要求严格，为人谦虚，不事张扬。

有时他们不苟言笑，与人相处也是一副冷漠样，似乎很难交往。实际上，他们非常珍惜自己的友谊和感情，一旦成为知己则至死不渝，在发生冲突时甚至会抱着“宁肯人负我，不可我负人”的观念。

低头走路的人

双手插进衣袋或者背在背后，头低着，不抬头看路，脚步拖沓，时快时慢，还不时停下来踢一下石头，或者捡起什么东西看一下，然后又丢下。这样的人显得心事重重，可能正在为一件难办的事情而焦头烂额，到了进退维谷的境地。很多遇到困难的人常常有这样的表现。

步伐急促

有的人走路不管有事无事，不管时间是否宽裕，总是匆匆忙忙的，两只脚板上下翻飞。这类人是典型的行动主义者，大多精力充沛，讲求效率，从不拖泥带水。他们适应能力特别强，敢于面对现实生活中的各种挑战，而且敢于承担责任。如果让他们去完成那些紧急任务，他们一定会加班加点准时完成任务。因此，很多人愿把他们作为可靠的朋友。

如果一位清秀的女性这样走路，那么她一定性格开朗、心直口快、干净利落；

无论男女，如果步伐过快，而且慌不择路、横冲直撞，那么除非遇到了紧急情况，否则就可能是一个性情急躁的人。他们坦率真诚，喜欢结交五湖四海的朋友，办事风风火火，但有时会缺少必要的细致。

步伐平缓

这种走路的方式有时会表现于健康情况欠佳或年事已高的人身上，以及涉世甚深的中年男人身上。这类人走路时不慌不忙的，哪怕碰到了紧急的事也是如此。这种人办事历来求稳，做事情三思而后行，不会好高骛远，所以工作效率很高。如果他们在事业上获得成功，往往不是靠的什么“后台”“机会”之类，而是靠务实的精神。

他们是典型的现实主义派。对于朋友，他们坚信“眼见为实”，不轻易相信别人；对朋友讲信义、守承诺，说到做到，很可靠。不过，他们特别讨厌撒谎的人。

走路昂首挺胸的人

走路时抬头挺胸，显得充满气魄和力量。这类人比较自信，性格中有可能有一些清高、孤傲的成分，自尊心和表现欲比较强，希望能够引起他人的重视。他们有时会淡于人际交往，不轻易投靠和求助别人，遇事会首先选择相信自己，经常是孤军奋战。还好，他们思维敏捷，做事条理性强，考虑问题比较全面，富有组织能力，善于规划，能够完成既定目标，成就一番事业。

这种人习惯于修整仪容，衣履整洁，总能保持着完美形象。

走路目不斜视

走路时头部不动，笔直地往前走去。这样的人有可能是内向型的人，比较关注自己，很少注意目的地之外的人和事。他们的主观意识较强，处理问题讲原则，但有时缺少弹性。

走路两手叉腰

走路时上体前倾，两手叉腰，有时像一个跑岔气了的长跑运动员。这样的人往往是急性子，希望在最短的时间内跑完很长的路程。他们爆发力很强，在决定实施下一步计划的时候常常做出这样的动作。在这段时间里，即使表面上处于沉默阶段，也难以掩藏他们即将喷薄而出的力量。

高抬下巴走路

走路的时候，下巴高高抬起，手臂很夸张地大幅摆动，步子稳重而迟缓，腿脚比较僵硬。这种步态被人们称为“墨索里尼式”步态。

大踏步式步态

这类人豪爽、豁达，无拘无束，但有时候容易情绪急躁。他们不拘小节，干净利索，说干就干，具有大将风度，在团体中能起领头羊的作用，很容易被别人奉为领袖。人们欣赏这种人的办事能力，都愿意和他们共事或者接受他的领导。

这种人在做任何一件事之前都进行缜密的计划，所以总是能够出其不意地办好别人认为难办的事。由于他们自身的能力很强，所以有点不喜欢那些办事拖拉的人。

碎步走的人

步伐很小，但是频率快。这是一种比较夸张的走路方式，他们腼腆，有时候会显得不合群，不允许别人走进自己的生活，很少出入社交场合，给人的感觉总是落落寡欢。他们热爱整洁，在衣着方面不偏不倚，从不突出自己的个性。他们有一个显著的特点，那就是当他们习惯于某种生活或工作模式之后，即使有非常强烈的干扰也不会轻易改变。如果有人引起他们的反感，他们会一直心怀厌恶，而且难以消除。

踱方步

这种人涉世极深，非常稳重。无论面对任何困难，他们都能保持冷静的头脑，不会让感情削弱自己的判断力。这种非凡的理性和自控能力，让人很尊重他们。在日常生活和工作中，他们非常小心，言谈举止尽量保持文雅。他们严格控制自己的言谈举止，尽可能在所有细节方面无懈可击，这种完美主义令人敬畏。

在交际方面，他们四平八稳，不轻易流露感情，更不会陷入太深的纠葛之中。他们从不流露热情奔放的一面，似乎多么重大的事件都不足以使他们的情绪受到影响。在友谊方面，他们认为君子之交淡如水。

脚步声响亮

双足落地的时候发出清晰的响声，行进快捷，昂首挺胸，一副精神焕发的样子。这种人志向远大，积极进取，自我评价极高，坚信自己永远正确，有时候甚至会产生偏执的想法。

他们是理想主义者，任何时候都会满怀希望地精心设计自己的未来，相信一天比一天过得更好。在处理事务的方式上，总的来说是理智的，有条不紊，规规矩矩。

脚步声很小

走路像猫一样，声音非常轻。这样的人往往带有“猫的性格”，像猫一样有着很高的警觉性，对所有的人和事都习惯设防，不允许他人越雷池一步。他们喜欢君子之交谈如水的人际关系。

脚步声没有节奏感

这种人走路心不在焉，步调混乱，上身的动作也不固定，或是双手放进裤袋，双臂夹紧，或是双臂摆动，挺胸阔步。如果不是因为脊椎方面的慢性疾病，那么这种人有时会显得精力涣散，意志力不坚强，缺乏勇往直前的勇气，有着成就一番丰功伟业的雄心壮志，但有时候会缺乏落在实处的耐心。他们待人豁达，不拘小节，可以作为好朋友。

第五节　握手

先打量完对方再握手

握手前先从上到下打量对方，或者紧盯着对方的眼睛观察。这样的人比较好胜，想把握交往中的主动权。

握手时显得迟疑

手足无措，无法决定要不要跟人家握手。当对方断定他不会握手而把手缩回时，他可能又突然把手伸出来；或者，在对方伸出手以后，他要犹豫好大一会儿，才慢慢地把手递过去。

这是一种性格内向的表现。

握手如同受罪

尽量不与人握手，即使握手也显得很勉强，而且会尽快把手抽回来。这样的人内向、羞怯、保守，不会轻易付出感情，但内心里却有着一份非常真挚的感情，只要与对方建立起友谊，关系便会固若磐石。他们对别人很警惕，想得很多。

不与人握手，甚至把别人的手推回去

有的人不理会对方伸出来的手，而是鞠躬还礼。这样的人性格顽固，先入为主的固定观念强烈，不喜欢改变自己的行为方式，不容易适应时刻变化着的社会。

有的人不但不握住对方伸出来的手，而且把对方的手推回去。这样的人比较

极端，有极强的自我防御心理。他们可能缺乏安全感，时刻准备着在别人还没有出击之前就予以有力的反击，从而占据主动。实际上，他们这种想法是杞人忧天，并没有人想加害于他。他们不去接近别人，也不允许别人轻易接近自己，否则会使他们的不安全感更加强烈。

在公众场合频频与陌生人握手

还没有被介绍就满不在乎地向人打招呼，将握手当成开场白。这似乎是热情的表现，实际不然。这种人具有旺盛的自我表现欲，他们的内心深处可能存有不安和自卑，有强烈的自我保护意识。

过分殷勤地同某人握手

这种人往往目的性很强，善于巴结奉承。如果不但殷勤地频频握手，而且神情谦卑，语气低三下四，那么这个人可能怀有某种目的。握手只是一种礼节性的接触，如果一个人过分看重这种接触，那可能就是别有用心了。

直伸手掌握手

说明他以一种平等的姿态对待对方，真心视对方为朋友。

用双手握住对方手

用右手拉住对方的一只手，再把左手握在上面，将对方的手包起来。这是在向对方传达自己的亲密感或体贴的意思。这种动作能给人一种热情的感觉，觉得自己受到了重视。

这样的人往往性格敦厚，心地善良，对朋友能推心置腹，竭尽全力。他们爱憎分明，喜怒形于色，不拘小节。对于朋友，他们是相当热情的，有时甚至热情过了火，让人无法承受。他们有反传统的叛逆性格，不太注重礼仪、社交等各方面的规矩，讨厌各种约束和限制，渴望按照自己的意愿生活。

这种握手方式又被称为“政客式握手”，很多政客为了刻意表现出热情洋溢的一面，喜欢采用这种握手方式，尤其是在公众场合。

以单手握手，另一手放在对方的肩或臂上

这种动作多半出现在工作中，是上司对下属的握手方式，表示领导对方、安抚对方的意思。如果一个人并非对方的领导却习惯于做出这种姿势，那么他往往在心理上占有优势。

握手难舍难分

握住对方的手久久不放，而且目光炯炯，充满热情。这样的人往往朝气蓬勃，情感丰富，喜欢结交朋友，一旦建立起友谊，就会忠诚而持久。不过，他们对朋友选择甚严，这是因为他们有时会有点自视甚高，不愿意在他认为不值得的人身上浪费精力。

如果一个人握着另外一个人的手，握了很长的时间还没有收回，而且并不显得热情洋溢，那么，此人一定是在测验对方的支配能力，如果对方先把手抽出、收回，那么说明他缺乏耐力和意志力；反之，则可能说明对方性格强悍而且有一定的阅历。总之，谁坚持到最后，谁就在心理上获得了胜利。

还有一种情况，就是从谈话开始到结束一直握住对方的手，没有任何抗衡的迹象，也不热情洋溢。这种人可能办事拖泥带水，他们做事漫无头绪、缺乏效率，而且缺乏交际经验。

虽然把对方的手握得很紧，但只握一下就马上松开

这样的人善于交际，能够很好地处理各种关系，在交际场上游刃有余。他们看上去对每个人都很友善，但可能这只是一种假象，其实他们是非常多疑的，不会轻易信任别人，更不会坦诚待人。即使别人是真诚友好的，他们也会加倍地提防，处处小心。

胳膊不伸直

握手时显得不积极主动，手臂呈弯曲状态，并往自身贴近。这种人很可能非常保守，性格谨慎，喜欢封闭自己，有点悲观主义的倾向。

只伸出手指尖握手

伸出手指尖，握手时只是轻轻一碰，握得不紧也没有力量。这种握法多半出现在女性和男性之间，是一种礼貌性的握手。

如果习惯于这种握手方式，那么一般属于内向型人，他们可能时常悲观失望，情绪低落。他们并不把握手当成表示友好的一种方式，而可能是把它看成是例行公事。

只握对方手指尖

可能有点神经质，个性敏感，情绪易激动，稍微的风吹草动都会让他们坐卧不宁，惶惶不可终日。他们心地善良而富有同情心，能够接纳各种各样的人，拥有很多朋友。

握手时手心出汗

与紧张时会出汗一样，如果握手时手心汗湿，就说明他的心理状态不安定。这种人大多数比较敏感，情绪容易激动。在外表上，他们总是显得冷静、淡然，一副泰然自若的样子，实际上内心却很不平静。他们善于掩饰自己，避免暴露敏感柔弱的内心，让人觉得他们非常坚强。在危难时刻，人们可能会把他们当成救星。

握手软弱无力

握手时显得没有一点儿力气，好像是为了应付一件不得不做的事情。这种完全被动的姿态表示此人性格内向、懦弱、消极悲观、缺乏自信，如果手心有汗就更是如此。他们缺乏气魄，遇事优柔寡断，即使碰上好机会也会自认为不行，错过良机，从而越发悲观，进入恶性循环。另外，他们比较自闭，总是躲在自己的硬壳内，很难赢得朋友。

握手无力还可能反映另一种心态，那就是傲慢、冷淡、矜持。不过，这种人不是对谁都这样握手。

有一种人握手很轻，轻描淡写，很随意。这种人往往随和豁达，容易亲近，适合选作朋友或终身伴侣。他们随遇而安，与世无争，有时候得过且过，颇有游戏人生的洒脱。

在工作场合有一种人，他们绵软地与人握手，但看上去精明强干，这样的人往往颇有想法，遇事让三分，喜欢后发制人。

握手时有力

用力握手是一种显示力量的姿态。这种动作代表着诚意和信任，表明对双方的相识感到很兴奋，希望能继续交往。这样的人热情、主动，充满信心，喜欢自我表现。性格外向，爽快，办事讲究效率，但有时容易急躁。善于把握人际关系，组织及领导才能十分突出，属于领袖型人物。

握手动作比较粗犷，而且对所握的手还不停地摇晃

握手的时候热烈有力，还要晃动几下，好像要把对方的五脏六腑也晃动起来一样。这种握手的方式会给人留下深刻的印象，他们一般都是粗犷豪迈的人，极度乐观，意志坚定，秉性刚强。

他们以积极热诚的性格赢得人们的爱戴，而且喜欢照顾别人，是典型的社交家。他们在感情的表达方面比较直接坦白，喜怒哀乐都很强烈，情绪容易沸腾但也容易冷却，很有真性情。

握手时力度适当，动作稳实，双目注视对方

在心理上有着较强的优势，是一种不大容易妥协的人。其个性坚毅、坦率，有责任感，值得信赖。他们思想缜密，善于推理，经常为别人提出有建设性的意见，每当困难出现时总能迅速提出可行的解决方案，深得他人的尊重。他们很重视朋友，一旦建立友谊，则忠诚不渝。

第六节 习惯性动作

经常把指关节弄得嘎嘎响

这一类型的人往往表现欲很强，希望别人能给予自己更多的关注。他们精力旺盛，喜欢运动，可能哪怕得了重感冒，仍然会从床上爬起来去踢足球。他们暴躁易怒，遇事坐卧不安，不够沉稳。他们很健谈，喜欢钻牛角尖，容易强词夺理。

手伸出去五指并拢

这种人可能小时候家境较好，生活安逸，受到父母的疼爱。他们性格稳重，计划性强，做事有理有条，处世小心翼翼。不过有时候会有点缺乏独立自主的习惯，不善于决断，容易被别人指挥得团团转。他们性格柔和，不喜欢明争暗斗的生活，适合比较稳定的工作。

如果伸手时不但五指合并，而且整只手蜷缩在一起，那么往往性格严谨，生活俭朴，凡事精打细算，不吃亏。

伸手时手指分开的人

五指全部分开者。此种人往往性格开朗，乐观轻松，即使面临再大的波折，也能够避免陷入消极情绪之中。

大拇指与四指自然分开。此种人往往心胸开阔，为人豪爽，爱打抱不平，不过可能会因此而给自己惹出不必要的麻烦。这种人比较豁达，但办事马虎，如果他们能克服粗心大意的毛病，愿意脚踏实地做好细致的工作，是大有可为的。

有人伸出手时，大拇指与四指分开，大拇指弯向掌心。这种人比较看重物质利益，经济观念比较强。

伸手时叉开食指者，可能有些自闭，不合群，凡事喜欢独立行动，从无依赖心，不易与人相处。叉开无名指者，往往对人和蔼可亲，而内心却比较拘谨，家庭生活可能不太和谐。小拇指常分开者，大多喜欢独来独往，不太合群。

跷大拇指

表示“第一”“好”“高人一筹”“独占鳌头”等意思。向别人伸出大拇指是表示称赞。

向别人跷大拇指表示赞赏，这个比较常见。如果用大拇指指人，则可能表示讥笑或贬低。

两手十指互插，大拇指互相环绕转动

这个动作表示此人情绪高涨。当一个人沉浸在愉快的回忆中时，常会慢慢地旋转拇指；而在计划未来时，则会迅速地旋转拇指。两种情况下都表示此人内心充满兴奋之情，性格充满活力。

交叉手指

表示对未来充满希望，期待好运降临，也可能因说谎紧张而交叉手指。

咬指甲、吮手指或咬眼镜腿、铅笔等物品

这类人无论外表多么高大健壮，但在精神上可能还是不太成熟的。他们性格

内向，缺乏安全感，喜欢寻找安慰。他们有时候会我行我素，拒绝接受他人的忠告。之所以一再做出咬指甲之类动作，是为了掩饰自己的情绪。

随意捏鼻子、挖鼻孔、掏耳朵、抹嘴

这种人可能思想不很成熟，性格有些幼稚。他们有时候喜欢恶作剧，有点儿哗众取宠，把别人气得咬牙切齿，他们却乐得手舞足蹈。实际上，他们心地不错，没有什么心计，不会伤害别人。他们防范心不够，有时候容易被人支配，甚至可能上当受骗。

搓手

搓手掌的动作往往表示一种急切期待的心理，或者是在期待着成功的结果，或者是处于一种不知如何是好的焦灼之中。在运动会上，跳高或跳远运动员在起跑之前，习惯先搓搓手掌，以示期待成功；当人们遇到难题，心急如焚、不知所措时，也会搓手掌。

搓手掌时，速度的不同也有不同的意味，反映的是两种不同的态度。如果你求一个朋友办事，在交谈中他快速地搓动了两下手掌，那么他很可能会帮你；如果他慢慢地搓动手掌，那么看来他不准备帮你，可能正在盘算怎么拒绝。

总是握紧拳头的人

这种人性格强硬，有些暴躁。不过，他们攻击性并不强，也不好斗，而是由于缺乏安全感，所以防御意识比较强。他们做人的信条是："人不犯我，我不犯人"。在人际交往方面，他们富有同情心，善解人意，是个值得信赖的朋友。

握拳时拇指压在其他四个手指下面

这种拳头被人们称为"婴儿拳"，每个初生的婴儿都是这样握拳的。习惯于这种握拳方式的人，有儿童性格，心理脆弱，需要别人的保护，依赖心比较重。

频频用手帕或纸巾擦手

表示此时他的内心有点紧张，焦虑。

死死地盯住别人看

这种人看人时目不转睛，十分专注。这并不意味着他看上了某个人，而可能是对某个人产生了支配欲，想在意志上压倒他。他们在心理上具有优势，喜欢抓住机会向别人显示自己。他们比较慷慨，往往能够召集一些志同道合的人，为了他们的目标而努力。

总是挤眉弄眼

即使是在大庭广众之下，这种人都肆无忌惮地挤眉弄眼，而且很多时候只是习惯而已。他们有点缺乏内涵修养，生活工作都比较随性。

时常摇头晃脑

日常生活中，我们用“摇头”或“点头”表示肯定或否定，如果一个人总是没来由地摇头晃脑，会让你觉得莫名其妙，对这个人产生很深刻的印象。的确，这种人性格独特，比较少见。他们特立独行，而且敢于超越常规，我行我素。这种作可能不太讨喜，但是他们的勇气和执着倒是被很多人欣赏。

经常触摸自己头发

这一肢体语言有两种情况：一种是表示这个人很紧张，有些手足无措；另一种是想吸引他人的注意力。

有的人在别人面前会不停地摸头发，似乎在吸引别人对他们发型的兴趣。其实不然，他们即使自己在家看电视，也会经常检查头发上是否沾了什么东西。这种人性格鲜明，个性突出，爱憎分明。他们具有一定的胆识和魄力，喜欢标新立异，去做一些别人不敢做的事。他们慷慨大方，人际关系稳定。

用力抓自己的头发

粗暴地揪头发，是悔恨或极度焦急时常有的动作。从用力的大小和动作的幅度，可以看出后悔和自责的程度。另外，这个姿态常常伴随着紧闭的眼睛，可能表示他正在努力做出决策。

喜欢双臂交叉胸前

这是个保护心脏的动作，可以防备对方攻击，并在必要的时候转守为攻。有时缺乏自信心的人容易采用这种防御姿势，也可能因为过分紧张或羞愧，也会用这个姿势来控制自己的感情。研究资料表明，初次登台演讲、照相的人，有很大一部分会不自觉地使用这种姿势。

总喜欢把手插在口袋中

不管天气是冷还是热，总把手插在口袋里。这种姿势可能意味着不愿意暴露真心的戒备心理。他们通常心事很重，缺乏安全感，对外界充满怀疑和恐惧。他们给人的第一印象是内向、不善言辞、不易接近，有些莫测高深。

如果在听人讲话时把手插入口袋，可能意味着没有认真倾听，正在思索自己的事，要么是不信任对方，要么可能是有不可告人的秘密。

双手插在裤兜里，露出两拇指

双手插在兜内，而两个大拇指却从兜里露出，有的人还会跷起他们的脚后跟。

这种情况常常在男士身上发生，而且多见于公共场所或人多的地方。这种人可能性格相当傲慢，自以为是，待人蛮横甚至霸道。（见图 4-11）

图 4-11

双手自然下垂或轻轻握住

显露出温和、顺从的性格特征，对任何事都表示关心，非常热情。

大模大样地反剪双手抬向颈后

这种动作可能是故意做出来给人看的，也可能是无意识中养成的习惯。不管是有意还是无意，这个动作都是拒绝别人接近的戒备心理在起作用，都表示此人性格谨慎多疑。不过，很多人在害羞的时候也会有类似表现。（见图 4-12）

图 4-12

一会儿握着双手，一会儿放开

这类人做事比较认真仔细。

喜欢躲在角落里

在各种会议或聚会里，这种人总是找最偏僻的角落坐下；在街道上，这种人总是走在路边，甚至顺着墙根走。

这类人不善言辞，但写作能力相当不错。在爱情方面，他们比较木讷和胆怯，如果要他去拜访年轻女性，敲门就会成为一个难以跨越的难题；他们也许会写出热情洋溢的情书，但不见得敢寄出去。

总的来看，这种人大多属于慢热型。要想调动他们的积极性，最好的办法就是表扬他们，让他们相信自己有很多的长处。

第七节 等电梯时的姿势

不停地按压电梯钮

这种人往往性格急躁，雷厉风行，是说到做到的行动派。但有时他们不够沉稳，但做事很投入，一旦沉迷其中则浑然忘我，可能会因为一件事而疏忽了其他的事，全盘规划能力稍差。

有时会在地上跺脚

这种人往往略带神经质，感觉敏锐。有交际天分和洞察力，能凭直觉判断出某人是否可以合作，可能遇到的问题是什么。具有艺术才华，如果能恰当发挥，可以大放异彩。

低头注视地板

可能暗示了他不想面对外界，更不想与外界沟通的心态。这样的人心理空间较为狭小，他们不太喜欢表现自己，但是信任他人，有爱心，在人际关系上的纠纷较少。喜欢做老好人，在人群中能够发挥润滑油的作用。

盯视着楼层显示灯

大多为人小心谨慎，做事不冒风险，远离纷争，明哲保身。遇事冷静，不会为一时的感情所惑，而是条理分明地采取行动、解决问题。这种干练的作风深得晚辈或部属的信赖。

敏感，自我防卫意识强烈。如果不熟悉的人太接近他，超过了安全距离，他会非常不舒服，可能会摆出冷漠严肃的姿态，拒人于千里之外。

与其他乘客搭讪

很有自信心和安全感，心理空间要比一般人大。在他的感觉里，整个电梯都是他的个人空间，所以觉得很放松，可以很坦然地与人交流，就像在自己家里一样。

微笑着看其他乘客，不说话

此类人的心理空间大小适中，属于比较正常的范围，大约是自己身体周围50厘米左右的区域。他很清楚自己生活工作的范围，在这个空间内，他会觉得很有信心，做起事情来可以正常发挥，超出这个范围就可能会觉得力所不及。

5

第五章

签名、写字和涂鸦

看字迹，这个朋友值不值得交

法国心理学家雅曼把笔迹学的研究成果分为六类：（1）笔画的力度反映书写者精神和肉体的能量；（2）笔画结构和文字布局反映对待外部世界的态度；（3）字体大小是自我意识的反映；（4）连笔程度反映思维与行动之间的协调性；（5）字和字行的方向反映书写者的自主性；（6）书写速度反映理解力的快慢。对于使用汉字的中国人来说，大的规律也是如此，只是在细节上有所不同。

第一节 签名

签名特别大

如果签名字体远远大于平时的字体，这类人可能自信心较强，在决定某些事情的时候比较果断，为人坦率，不拘小节。

签名特别小的人

这种人的性格与签名特别大的人截然相反。他们往往不太注重门面，不愿意惹人注意。在工作上能够全力干好自己分内的工作。对于功名利禄，他们从不苛求，有则受之，无则安之。

如果签名的字非常小，而且又紧紧地凑在一起，那么这种人可能属于非常节俭的类型。他们善于精打细算，非常节俭，有时也会存在算对了小账而忽略了大局的决定。

签名向上

签名时的字一个比一个高，不断地上升。这样的人通常都有雄心壮志，而且能不畏艰辛，坚定地朝着自己的理想前进。他们积极乐观，有必胜的决心，从来不会轻言放弃。做事之前，他们往往会有一番严密的筹划，制订出可行的计划，在确保不会有太大闪失的情况下，朝着既定方向前进。

签名向下

逐字下降，可能表示此人生理或心理上容易疲劳，无精打采。他们通常是消极的等待者或妥协者，对自己缺乏信心，没有耐力，不敢想象自己也可以有一个辉煌的未来，而是容易自暴自弃、随波逐流。在遇到挫折和困难时，他们可能会拒绝面对，采用逃避的方式拒绝承担责任。

喜欢把签名时的最后一笔当底线

签名时的最后一笔强劲有力，笔直而不显夸张，将整个签名托住。一般说来，这种人有着非常强烈的自信心，做事不屈不挠，不达成功决不罢休，即使付出极大代价也在所不惜。

喜欢在签名下面画波浪底线

波浪形底线就像海洋，他的名字就像一条船，能够危而不倒、乘风破浪。这种人深谙顺随潮流之道，大多圆滑世故，社会经验丰富。无论是在平和的鸡尾酒会上，还是在暴风雨似的商业斗争中，他都能够让自己保持在水面上，不至于没顶。这是因为他们能够凭借自己多年来总结出的人生经验，能够凭借自己深思熟虑后的小心操作，使自己占据主动，处于有利地位。

喜欢画圆圈式签名

很可能性格孤僻，缺乏安全感，容易无端地怀疑和猜测他人。他们希望能够与外界完全隔离开来，以便获得平静。他们喜欢在自己与别人之间筑起一道围篱，来保护他自己的生活方式，很讨厌被人干扰。

有条线贯穿签名中间

这样的人可能有一些自卑心理，偶尔会否定自身存在的价值，画一条线贯穿自己的名字，可能意味着他想把自己"删除"，觉得自己已经失去了生活的意义。他们有时候可能会进行不断的自我责问，非常艰难。

签名后跟着破折号或句点

这种人在为人处世方面是相当小心谨慎的。他们思虑比较周全，会事先觉察到可能出现的危险，并尽快脱身。另外，多疑的个性使他们步步为营，为人处世谨小慎微，遵循某种他们认为比较牢靠的模式。

图案式签名

这样的签名就像一幅书法作品，富有节奏感，品味高雅。这样的人多有很高的学识和良好的修养，性格独特而有艺术气息。他们沉着稳重，充满自信，为人处世极有礼貌。他们有自己独特的见解，有出色的想象力和创造力。他们意志力坚强，做事能够一气呵成，容易获得出人意料的成绩。

签名的字迹无法辨认

这种人的性格比较复杂多变。他们喜欢掩藏自己的真情实感，行为模式千变万化，有些喜怒无常，让人抓不到一点头绪，难以了解和结交。他们对罩在自己身上的神秘面纱很是满意，很愿意别人把自己当成一个另类的人，以便吸引更多关注的目光。

在签名时时常省略某一笔画

这种人往往性格豪爽，为人慷慨，不拘小节。凡事不喜欢较真，只要在大体上说得过去就可以了。但有时候做事过于马虎，有敷衍了事、得过且过的毛病。他们比较健忘，容易耽误事。

一如学生时代的签名方式

签名的字迹和排列方式像小学生一样，拘谨而缺乏流畅感，很不整齐。这样的人即使在外表上看起来相当成熟，即使年岁已经不小，但内心里可能还是很不成熟，某些思想感情可能还停留在青少年时期。他们常常会有一些不切实际的想法，但自己却意识不到这一点。

第二节　写字

字体大

字写得大的人，一般自我意识很强，行动能力出众。他们受不了约束，喜欢为自己工作，基本上属于直爽干脆的人，但有时会很暴躁。他们往往平易近人，为人真诚亲切，善于交往。他们思维开阔，做事雷厉风行，很有魄力，但往往缺乏耐心，不够细致。

如果字写得很大，而且结构过于松散，那么此人可能比较好动，有时候会不善于控制自己的感情，做事马虎。

字体小

字体比较清晰、笔画细小的人，大多具有较强的自控能力，处世谨小慎微，遇事胆怯而犹豫不决。他们办事很认真，但缺乏足够的创新意识。非常在乎别人的看法和态度，稍显神经质。这类人有把握事务全局的能力，善于统筹安排，能听取他人意见，可以成为很好的合作伙伴。

笔画重

运笔强劲的人，往往精力充沛，意志坚定，喜欢掌握主动权。他们善于肯定自己，但有时容易出现固执、自大等消极性格。

笔画轻

这种人往往在身体或精神气质上比较温和。性格大多温柔顺从，不易反抗别人的意志。自信心不够强，意志薄弱，有依赖性。

如果运笔很快，笔画飘逸，四处飞舞，显得比较夸张，那么书写者具有丰富的想象力，喜欢梦想，很重视感情。但他们不容易控制住自己的感情，显得过于情绪化。

字形方正，一笔一画

一笔一画，字字独立，字体稍小，排列比较整齐。这样的书写者属于理智型。他们有较强的逻辑思维能力，性格笃实，处事认真，但稍欠热情。责任心强，做事有板有眼，中规中矩，但容易循规蹈矩。比较固执和保守，有些刻板，不懂幽默。

有些人写字，从不省略一笔一画，但是书写速度很快。这种人有很强的责任心，做事认真，反应敏捷，但如果行动能力赶不上思维的速度，就会让他们心理压力很大，常常烦躁不安。

字迹潦草

如果字体散乱，缺乏棱角，而且字行忽高忽低，那么这种人往往心理调控能力较弱，过于自我，缺乏同情心与合作精神。他们很重视自己的外表，希望别人能以自己为中心。这类人看问题非常实际，有时容易消极悲观。

如果字迹潦草但字体有棱有角，那么书写者往往理性较强，有较强的逻辑思维能力，做事认真负责。他们考虑问题全面，循规蹈矩，扎实可靠。在人际方面，他们可能缺乏热情，不善交往。

如果一个人忽然之间字迹潦草，几乎无法辨认，那么他一定遇到了大事，心情非常激动，充满愤怒，以至于控制不住手中的笔。

结构松散

字的中间部分显得松散，字体比较大。这说明书写者的形象思维能力较强，心胸宽阔，行为随意，为人热情大方，心直口快，不拘小节。

字的中间部分过于紧密

字的结构过于紧密，有的笔画像连在一起一样，如果这个字笔画较多，远看起来就像一团墨迹。这种人往往比较仔细，思维敏捷，对外界的事物非常敏感，反应很快，遇事头脑清晰，容易想出对策。由于他们时刻都在思考问题，所以可能精神负担比较重。

写字喜欢打点或重描

有的人写字之后喜欢回头检查，在认为比较重要的字下面打点，或者进行重描、修补。这种人一般比较认真，喜欢反复地思考问题。

写字平均分配笔画

字体比较方正，笔力不足，每个笔画的长短都差不多，几乎是平均分配，显得四平八稳。这种人比较内向，胆小怕事，对自己缺乏足够的信心。遇事很不灵活，缺乏应有的应变能力。

撇捺施展不开、几乎无钩

撇、捺写得和竖差不多，缩手缩脚，一点儿都施展不开。写钩的时候，最多带点儿弯，几乎没有钩。这种人性格内向，温和顺从，办事认真，责任心比较强。他们有时遇事缺乏主见，处世缺少锋芒，在人面前容易陷于被动地位。由于凡事受制于人，所以他们总是感到很压抑，但是又不善于通过与人交流的方式发泄情绪，造成心理压力过大，不容易感受到快乐。

笔锋太露

笔画很直，较硬，每个字都很挺拔，锋芒外露，有点儿张牙舞爪的样子。这种人性格急躁而坦率，不善于隐藏自己的想法，不过，这会给人一种比较正直的印象，所以人际关系还可以。

笔迹中圆弧形多

这种人聪明灵活，善于解决问题，属于智多星型的人物。顺应潮流，学习能力强，善变，有时候令人难以捉摸。

“横”的不同写法反映不同的性格

有的人写字时“横”写得很短，尤其是处于每个字最上方的“横”写得特别短，简直像“点”一样。他们长于逻辑思维，做事有条理。

有的人写字时“横”写得非常平，简直就像用尺子画的一样。这种人比较稳重，办事保守而扎实，不容易出差错。自控能力强。

有的人写字时“横”画非常有力，这意味着他天性自由而坚毅，反抗能力很强，决不轻易受制于人。这种人独立性强，适合创业或者安排在具有挑战性的关键部门。

“竖”的不同写法反映不同的性格

“竖”线长而有力，表示书写者刚强有力，勇于表现自己，行动能力强，而且韧性十足，做事有始有终，能够不打折扣地实现目标。

如果“竖”线拉不直或者伸不长，笔力很轻，显得有气无力，那么书写者可能心虚力弱，或者是受到了压制，处于人生的低谷。

字迹向左下方或右下方倾斜

这种人往往主观意识强烈，自信，有主见，不易与人沟通，有时候不愿意接受他人的教导，当意见与其他人冲突时，只有权威人士才可能改变他的意见。这种人在工作和生活中脾气急躁，容易与人发生冲突。

行距杂乱无章

有的人写字，行距时大时小，整行一会儿上扬一会儿下斜，没有规律；而且字与字之间的关系也很乱，整篇文字显得杂乱无章。这种人情感有时候会不稳定，非常情绪化。他们大多比较聪明，头脑灵活，有一定能力，但自行其是。

第三节 涂鸦

喜欢画圆形

这种人往往有着很强的创造力和丰富的想象力，富有远见卓识，凡事都有一定的规划和设计，喜欢按照事先的准备行事。他们平日里显得大大咧咧，实际上有着缜密而又切实可行的人生计划，能够运筹帷幄，向自己的目标稳步前进，属于深藏不露的高人。无论是在生活还是工作中，他们都能够在稳定中不断提高。

喜欢画波浪线

大多个性随和，聪明机警，有一定的才华。自我意识强，能够认识到自身的价值，不迷信权威，只相信事实。敢作敢当，认准了的事决不含糊，比较执着。富于弹性，适应能力很强，善于自我调整。

喜欢画不规则曲线

心胸开阔，心态平和，对环境的适应能力很强。

喜欢画连续性环形

大多秉性善良，善解人意，能够将心比心，站在别人的立场上为别人着想，值得信赖，所以总是有很多好朋友。他们对生活充满信心，适应能力很强，无论什么样的环境都能很快地融入其中。不贪婪，对现状感到满足，性情平和，是个典型的随遇而安的人。

用重叠的曲线画出像羽毛、云朵或风扇一样的造型

这种人往往具有很好的适应能力，对新鲜事物的接受能力很强。他们对周围的人相当敏感，很重视自己在人们心中的形象和地位。在遭遇挫折的时候，他们能够保持冷静，积极寻找解决方法，不会乱了阵脚而贸然动手。

喜欢画直线或打叉

这类人大多精力充沛，活力无限，浑身上下好像有使不完的力气似的。他们喜动不喜静，不可能一个人关在屋里。

喜欢画多层折线

喜欢画折线的人，大多思维敏捷，分析能力很强。多层折线，表示在繁杂的线索中条分缕析的能力。而单层折线，则在表示分析能力比较强之外，还意味着内心的不安，这种人在很多时候可能处在一种紧张状态之中，情绪不稳定，难以捉摸。

喜欢在方格内胡乱涂画不规则线条

说明此人正情绪低落，心理压力很重。眼前的困难使他们无法静下心来，无法画出和谐的图案或线条；他们希望能够迅速突破困境，得到解脱。这种人一般不会产生悲观厌世的想法，而是对人生抱有很大的希望，他们有恒心、有毅力，不达目的誓不罢休，他们会自己寻找办法，朝积极向上的方向努力。

喜欢画密密麻麻的短线

这些线不是相互平行，就是成直角排列，而且周围有一大片空白。喜欢顺手画这些东西的人，大多性格比较内向，对于这个纷繁复杂的社会，对于自己所处的环境比较敏感。他们头脑聪明，有很多好的想法和创意，但总是被一些无形的东西缠住。那些无形的东西是什么呢？其实就是他们的烦恼。

喜欢画不规则锯齿形

这种人往往不容易满足于现状，总是不停地向新的、更高的目标努力。好胜心强，看不得他人抢在自己的前头，哪怕对方明显比自己强大，也要挑战一番。敢作敢为，富有批判和冒险精神，头脑灵活，反应快捷，分析能力出众，看问题能够深入事物本质。

习惯于画三角形、四方形、五边形等几何图形

他们多具有十分严密的逻辑性，头脑清醒，思路清晰，反应敏捷，能很快地理解新思想、接受新鲜事物。理解能力和逻辑思维能力较强，有着良好的判断力和决断力。凡事必须经过深思熟虑，具有精益求精和实事求是的态度，但有时容易钻牛角尖，情绪不稳定，易急躁、爱发脾气。

他们的组织能力相当强，在为人处世方面比较保守，没有十足把握的事情坚决不去做，所以成功率很高，令人敬重。

喜欢画三维空间的正方体、三棱锥、球体等图形

一般而言，这种人性格深沉，为人稳重，比较现实，善于与人沟通。性格弹性很大，适应能力强，在面对不同情况时能够及时调整自己。逻辑思维准确而严密，而且善于将抽象的东西具体化，变成通俗易懂的内容，使之在现实生活和工作中发挥作用。

所画图案棱角分明

这种人往往性格上很有棱角，个性十足。他们的竞争意识比较强，希望自己能够胜人一筹，为此他们愿意不断努力，并且愿意做出巨大的牺牲。在人际关系和工作上，他们可能会遇到很多的挫败，但是最终能获得不错的成绩。

喜欢画对称图形

大多做事小心谨慎，动手之前会制订明确的计划和规则。冷静，理智，富有远见，可能成为领导者。

喜欢画自然景致

多是性情温和而又非常敏感的人。他们对物体的形状以及色彩有着很强的鉴赏力。这一类型的人适合从事精神领域的创造性工作，通常可以在文学、书法、绘画等方面获得相当了不起的成就。他们淡泊名利，与世无争，向往安静平和的生活。

总是画出有趣的线条、圆圈等图形

这一类型的人往往极富创造力。对于未知的领域，他们有着浓厚的兴趣，并且打算进行尝试。他们比较有才华，非常博学，他们能够多角度看问题，在他们眼里，什么都不是绝对的，每一个问题都有许多不同的答案。这种看问题的方式常常弄得他们自相矛盾。

喜欢随便乱画

随手画出的图形很不固定。这种人性格轻松，随遇而安，适应能力强，总是一副乐观向上的神态。他们虽然会努力追求理想，但不会因为理想破灭而沮丧，更不会一蹶不振，他们有很强的调控心态的能力，能让自己迅速融入新的生活。

第六章

6

休闲娱乐

会观察，篮球场也能变成谈判桌

与严肃的工作和小心翼翼的交际相比，娱乐休闲可以使人更放松，因而也更容易流露出真正的性情。席勒说：“人只有当他是名副其实的人的时候，才娱乐；只有当他娱乐的时候，他才是个完整的人。”如此看来，从休闲娱乐中识人，也许可以看得更全面些。

第一节 听音乐

喜欢古典音乐

这类人大多理性较强，能够自我反省，善于自我沉淀。有可能形单影只，因为很少有人能够真正走入他们的内心世界，去了解和体会他们的思想和感情，从一定程度上说，音乐是他们的人生伙伴。

喜欢交响乐

这类人往往充满自信，踌躇满志。他们适应环境的能力很强，能够迅速地融入集体，但常常因为对他人的盲目信任以及凡事只考虑好的方面而吃亏。

喜欢进行曲

这种人往往是完美主义者。他们对自己的要求非常高，任何事情都力求至真至美。但是，他们又有点墨守成规，满足现状，缺乏行动能力。这种性格上的矛盾常常让他们遍体鳞伤。

喜欢歌剧

一般说来，这类人的思想观念传统而保守，容易情绪化，但他们在大多数时候能够控制自己的情绪，避免产生不愉快。这类人责任感很强，做事认真细致，对自己要求很高，甚至有些苛刻。他们处处要求尽善尽美，力求以最优秀的一面出现在人们面前。

喜欢流行音乐

这类人大多崇尚自由、简单，喜欢过无拘无束的生活。但有时候可能缺乏主见，容易随波逐流。这类人无法忍受强烈的感情，也从来不会让自己陷入复杂的问题之中，他们人生中的不少问题都是由家人或爱人帮助解决的。

喜欢摇滚乐

这类人往往喜动不喜静，害怕独处，喜欢体育运动。他们个性张扬，总能吸引他人的关注，这类人经常感到迷茫和没有安全感，所以他们选择用摇滚的形式来发泄自己心中的情绪，找到心灵上的慰藉。他们喜欢与一些志同道合的人组成团体，依靠音乐找回已经丧失或正在丧失的自我。

喜欢爵士乐

这种人往往崇尚自由，喜欢无拘无束、丰富多彩的生活，讨厌一成不变。他们比较感性，做很多事情都是凭一时的冲动，往往脱离实际。由于现实生活与他们的理想相差太远，所以他们内心有时会很矛盾。

喜欢打击乐

大多性格直爽，待人随和，不挑剔；社交能力强，人缘好。这类人乐观积极，对生活充满了希望，并且能够为自己设计出美好的未来。

喜欢乡村音乐

这种人往往性格温和，心思细腻，比较敏感，喜欢关注社会问题。处世圆滑，成熟老练，攻击性不强，轻易不会做出令自己后悔或有损他人利益的事情。他们不喜欢城市的浮躁，喜欢过充满自然气息的田园生活，追求稳定和怡然自得。

喜欢凄美歌曲

心地善良，感情丰富，有时显得多愁善感。在他们的生活中，音乐有如路标，为他们指引前进的方向。他们总是为社会上的很多事情操心。“先天下之忧而忧，后天下之乐而乐”，用这句话形容这类人的性格最合适不过了。

第二节　阅读与写作

喜欢阅读财经杂志

崇尚权威，重视名誉，不满足现状，有很强的竞争意识，这类人有远大的理想，而且也有勇气和魄力为自己的理想拼搏，为自己的人生谱写最灿烂的篇章。

喜欢读时尚杂志

追求时尚，以掌握的流行趋势为资本，向他人展示自己。

喜欢阅读妇女杂志的女性

上进心和事业心往往比较强，她们希望自己能在事业上有一番作为，成为女强人式的人物，让别人刮目相看。

喜欢读报纸及新闻杂志

这种人往往比较注重实际，从来不会为一些虚无缥缈的东西浪费时间和精力。

他们有着丰富的社会阅历，由于所见所闻的事情多了，所以接受新鲜事物的能力也不错。他们大多信念坚定，有着永不服输的意志，在挫折面前从不低头。

读报只阅读自己喜欢的内容

活泼、开朗，自信，具有一定的幽默感，好奇心强。喜欢热闹，善于交际，希望生活中到处充满欢声笑语。他们具有一定的领导才能，但有时马马虎虎，敷衍了事，常常惹出一些不必要的麻烦。

习惯迅速浏览报纸内容

开朗、大方，富有活力，对生活充满热情，喜欢热闹，是不甘寂寞的好动分子。待人真诚、直爽，朋友很多。他们思想前卫，接受新鲜事物的能力很强。做事虽然劲头十足，但有时缺乏必要的冷静和耐性。在为人处世方面，具有一定的随机应变能力，但不善于掩饰自己，往往喜怒形于色，有时容易冒犯他人。

抽时间细心读报的人

大多性格内向，不善交际，对身边的人也显得热情不足。有很好的人际关系，他们懂得自得其乐，生活很舒心。这类人虽然可能不善言辞，但实际上相当有主见，属于“不鸣则已，一鸣惊人”的类型。他们个性独立，注重现实，自我约束能力很强。做事认真，有责任心，能够独当一面。

喜欢读言情小说

以女性居多。她们感情丰富，富有同情心，常常会为一些虚幻的故事情节而感动。这类人自信，心胸开阔，有敏锐的洞察力，在很多时候都凭自己灵敏的直觉做事。她们有时候比较脆弱，有时候容易对现实感到失望。好在她们生性乐观，而且善于自我开导，能很快从失望中恢复过来，重整旗鼓。

喜欢看武侠小说

爱幻想，有些浪漫主义。在他们身上或多或少有一些英雄情结，比如疾恶如仇，好打抱不平，愿意为朋友两肋插刀等。这类人感情丰富而细腻。

喜欢读侦探小说

思想前卫，想象力丰富，具有很强的创造力。这类人的逻辑思维能力很强，面对问题能够站在不同的角度进行分析，而且越是难以解决的问题，他们越喜欢挑战。

喜欢读科幻小说

具有丰富的想象力和很强的创造力，往往对科技十分着迷。这类人喜欢为将来拟订计划。

喜欢看通俗读物

看的书非常大众化，如菜谱、保健、成功励志类等。这类人大多热情开朗，直爽可爱，心地善良，富有同情心。有着较强的创造能力和收集能力，擅于找幽默的话题来活跃气氛，在愉悦自己的同时也给周围的人带来了许多欢乐，因此他们很讨人喜欢，经常是大众眼中的宠儿。

喜欢看漫画书

活泼开朗，富有亲和力，爱好玩乐，童心未泯。他们喜欢过无拘无束、自由自在的生活，对生活的态度过于随便，缺乏应有的责任心。这类人思想单纯，缺少防人之心，有时候往往吃亏上当后才发现自己幼稚，不过他们能够记住教训，不容易重复同样的错误。

喜欢读历史类书籍

沉着、稳重，有丰富的内涵。这类人大多具有很强的创造力，讲究实际，时间观念强，不喜欢把时间和精力花费在与他人的闲谈上，更乐意去做一些有建设性的工作。

喜欢看传记

性格坚强，具有强烈的好奇心，敢于向未知领域挑战。心思缜密，善于统筹全局并权衡利弊得失。在行动之前，他们会将可能出现的状况以及应对措施考虑周全，不打没把握的仗。

喜欢读专业性比较强的书

这类人遇到问题或者不顺心的事，一般不会向他人诉说，而是从书里去寻找答案。他们尤其偏爱纯文学或哲学类的书，而且读书时非常认真，遇到喜欢的章节，甚至会把它摘抄下来。他们读书就像品茶一样，很慢但很细，或许会花费很多时间，但他们不太在意，因为他们从中得到了乐趣。

喜欢写作

头脑聪明，思考能力强。这类人做事小心谨慎，思路清晰，分析能力强，对事物往往有自己独到的见解和想法。

第三节 收藏

珍藏旧书、旧报纸、旧杂志的人

多是些文化底蕴很深厚的人。他们学识渊博，有上进心，而且有读书、看报的习惯。

珍藏旧照片、旧明信片

这类人虽然喜欢回忆过去欢乐的情景，但他们不会一直沉浸其中，而是比较注重实际。他们的自我表现欲强烈，渴望他人能够了解自己。他们接受新鲜事物的能力很强，即使是一时无法接受而又不得不接受的事情，他们也会慢慢地开导自己，直到心甘情愿地接受为止。

珍藏旧票据

这类人往往有很强的组织和领导能力。做事小心谨慎，条理清晰，能够按部就班，一步一个脚印。

珍藏旧衣服

怀旧情结非常严重。这类人有时会沉浸在过去的生活中，就连很多年前有过的一些想法也从来不肯放弃，总想找机会实施。

珍藏旧玩具

热情、开朗，崇尚自由，向往无拘无束的生活。对生活的态度比较积极、乐观，容易满足。这类人自我调节能力很强，面对挫折或者生活中的不如意，能及时开导自己，用相对放松、平和的心态面对。他们追求年轻的心态，希望自己时刻处在兴奋的状态中。喜欢与朋友在一起，有着非常不错的人际关系。

喜欢搜集钱币

大多比较传统。这类人责任心很强，有强烈的亲情意识，非常关爱自己的家人，对子女更是疼爱有加。他们追求完美，有韧性，做事能够善始善终。

喜欢收集艺术品、古董

艺术品和古董往往是高雅、学识、财富的象征，喜欢收藏它们的人往往都有较高的社会地位和身份。

珍藏旅游纪念品

十分重视自己过去的经历。这类人性格憨厚，待人坦诚，富有冒险精神，敢于向未知领域探索和挑战。他们对自己的理想非常痴迷，并能为此接受各种考验。

喜欢收集各种小东西

喜欢收集很多不起眼的小物件，比如纽扣、打火机、钢笔等。这类人很可能是浪漫主义者，想象力丰富，喜欢追求梦想。独立自主的意识比较强，不喜欢受约束。

喜欢搜集一些杂乱没有价值的东西

一些没有价值又占空间的收藏品，例如酒瓶等，喜欢搜集这类东西的人，一般进取心强，有浓厚的怀旧情结。自信，重感情，严于律己，勤俭节约，对生活很满意。

第四节 室内活动

喜欢看电影

这类人往往感情起伏激烈，喜欢充满刺激和惊奇的、五彩缤纷的生活。想象力丰富，能够为自己设计出美好的未来。

喜欢打扫房间

这种人的生活节奏特别快，对自己的要求非常严格，具有很强的时间观念，什么时间做什么事安排得满满登登、有条不紊。他们做事非常讲究价值和效率，总是要求自己用最简单、最便捷的方法做好每一件事情。

喜欢打电话

大多性格开朗、活泼，爱热闹，喜欢与人交往，害怕独处。这类人做事干净利索，从不拖泥带水。在面对重大抉择时，他们往往缺乏自信和主见，经常需要他人给出出主意或给予支持。

整天忙得团团转

他们在任何时间好像都要比一般人忙。这种人大多心思缜密，观察力敏锐，常会观察到他人忽略的细节。责任心强，疑心重，凡事只有亲自动手才会放心，因此他们往往会让人产生依赖心理。

第五节　玩游戏

喜欢拼图游戏

这类人的生活往往就像是拼图一样，需要花费心思才能拼成一幅完整的图形。他们对自己很有信心，忍耐力强，面对挫折或者失败，总能保持昂扬的斗志，让一切重新开始，为自己打造新的天地。

喜欢猜字谜

言谈举止高雅，具有一定的学识和文化修养，处处显示出十足的绅士风度。意志坚强，有责任心，做事讲究效率，常常要求自己用最少的时间和精力完成尽可能多的事情。

喜欢玩魔方

头脑聪明，具有丰富的想象力和创造力，喜欢自己动手制作一些小玩意。这类人自主意识比较强，富有开拓新领域的勇气和魄力，而且不太喜欢他人插手，喜欢独自完成。即使这期间要花费大量的时间、精力和金钱，他们仍然不遗余力，坚持到底，具有极强的耐力。

喜欢玩几何图形游戏

性格独立，对任何事物都有自己独到的见解，不会随波逐流。为人深沉而内敛，做事小心谨慎，有条理，有计划，凡事都要经过深思熟虑，在制定出应对的策略后才开始行动。

喜欢做文字游戏

头脑灵活，反应敏捷，适应环境的能力很强，能积极主动地融入集体，善于与周围人协调。这类人的观察力敏锐，能够既快又准地洞察他人的内心世界，在他人提出要求之前，就能先让其满足，因此他们在为人处世方面获得周围人的好评。

喜欢做数字游戏

逻辑思维能力特别强。这类人的生活非常有规律，在什么时间做什么事情往往十分固定。在人际交往方面，他们有时候也一板一眼，甚至有些不近人情，过分地有棱有角，往往会惹得别人不开心。

喜欢打电子游戏

对新鲜事物的接受能力很强，但有时候会缺乏主见，容易被他人的意见所左右。

第六节　养宠物、养花

喜欢养猫的人

这种人性格往往比较内向，善于掩饰自己的情感，追求恬静的生活。独立性强，想什么做什么，从来都不随便附和他人，也不做委曲求全的事情。

喜欢养狗的人

这类人往往性情温顺，待人随和，易给人亲切感。比较外向，人情味重，喜欢与人交往，害怕孤独、寂寞。他们社交能力很强，能与周围人保持非常融洽的关系。他们胸无城府，不善于掩饰自己的感情，喜怒皆形于色。其不足之处在于，有些缺乏主见，容易人云亦云，随波逐流。

喜欢养鱼

乐天派。这类人容易安于现状，对生活和事业都没有太高的要求。在别人眼里，他们可能胸无大志，生活平淡，但实际上他们比一般人生活得快乐，因为他们有生活情趣，懂得如何享受生活。

喜欢养花

喜欢木棉花的人。大多性格爽快，不会耍阴谋诡计。这类人交友处世喜欢直来直去，一点儿都不讲究技巧，因此他们不太适合从事经营类活动。

喜欢玫瑰花的人。浪漫，任性，崇尚自由，追求宽松的生存空间。他们想象力丰富。

喜欢郁金香的人。感情丰富，特别重感情。

喜欢向日葵的人。性格开朗、热情，对生活积极主动。这类人好奇心强，喜欢挑战从未接触过的新领域。做事有毅力、有耐心，为了实现自己的理想，他们会逐步积累自己的各种经验和知识，一旦时机成熟，就可能会石破天惊，一鸣惊人。

喜欢香水百合的人。生活态度非常严谨。这类人的生活很有规律，总是有条不紊。他们喜欢洁净，有较高的审美能力和创造能力。

喜欢紫罗兰的人。心地善良，富有同情心，能与周围人和睦相处。这类人注重实际，能够踏踏实实、一步一个脚印地向前走。

第七节　舞蹈

喜欢探戈

这种人往往不甘平庸，喜欢追求丰富多彩而又神秘莫测的生活。他们很注重个人综合素质的培养。他们认为，一个人的情商和智商是同等重要的，前者可能更为关键。

喜欢华尔兹

这类人大多沉着稳重，有一定的社会阅历。待人亲切、随和，精通各种社交礼仪，社交能力特别强。在为人处世方面，由于他们修养不错，举手投足之间总是流露出一种既成熟又高贵的气质和魅力，所以很容易得到他人的欣赏，颇受尊重。

喜欢交谊舞

这类人往往喜欢参加各种社交活动，对人与人之间那种友好的互助关系非常重视，有着非常广泛的社交圈子。大多具有很强的创造能力和组织能力。

喜欢芭蕾舞

遵守纪律，具有一定的组织性，有很强的团队合作精神。这类人做事极有耐力，能够为自己的目标努力拼搏，决不会半途而废。另外，这类人的创造能力也很强，经常会有一些惊人之举。

喜欢踢踏舞

这类人精力充沛，表现欲望强烈，希望能够得到他人的关注。做事极有毅力，从不虎头蛇尾，面对挫折也不低头认输。他们随机应变的能力很强，无论是多么棘手的事情，都能够保持冷静，沉着应对。另外，这类人特别珍惜时间，对他们来说浪费时间就是浪费生命。

喜欢拉丁舞

热情，活力四射，魅力十足。自我表现欲较强，希望自己能够从众人之中脱颖而出，希望更多的人把目光投在他们身上，而实际上，他们也的确是众人关注的焦点。

喜欢爵士舞

聪明、机灵，随机应变的能力强。心胸宽广，不拘小节，而且极有幽默感。他们喜欢跟朋友在一起聚会，但并不害怕孤独，即使一个人也能自得其乐，内心很充实。

第八节 体育

喜欢打篮球

这种人的性格往往比较坚强，理想远大，能为了实现自己的理想和目标而坚持不懈地努力。在这个过程中，即使遭遇失败，他们也不会气馁，反而更能坚定他们的信念，勇往直前。

喜欢踢足球

积极乐观，热爱生活。他们往往具有很强的目标性，而且拼劲十足，在竞争中成功的可能性很大。另外，这类人比较理智，属于拿得起放得下的类型。

喜爱打排球

不拘小节。功利心不强，不会过于争强好胜。在做事的过程中，他们更看重过程本身，而不是结果。

喜爱打网球

从整体上看，喜欢打网球的人多是一些有礼貌、有修养的人，在与人相处时彬彬有礼，很有风度。这类人对自己要求往往很高，很严格，近乎苛刻，做任何事情都力求完美。

喜欢团队运动

比如篮球、足球、棒球、拔河等。这种人性格开朗，直爽，生性活跃，社交能力强，注重团队精神，能够以最快的速度融入集体中，并建立良好的人际关系。

喜欢需要单个竞争对手的运动

比如乒乓球、网球、台球等。这类人往往性格坚定，从不轻易言败，好胜心强，不喜欢团队合作。

喜欢打高尔夫球的人

高尔夫球象征着身份、地位和财富，打高尔夫球的人基本上都有比较雄厚的经济实力。这类人都颇有自信，而且有强烈的优越感。他们一般都具有成功者的素质，有坚定的信念、远大的理想以及不服输的精神等。

喜欢钓鱼

这类人往往善于思考，遇事冷静、沉着，所谓“泰山崩于前而面色不变”。善于掩饰自己的情感，喜怒哀乐从不流露出来，即使遭遇不公平的待遇也不会立即发作，而是等待恰当的时机反抗或者让不愉快的情绪在时间的流逝中消失。他们爱好和平，拒绝暴力，主张任何纠纷都应该通过谈判的方式解决。这类人在做一件事情的时候，对过程的重视程度往往要超出对结果的重视。在他们心里，整个做事的过程就是一个自我肯定的过程，在那里他们能体会到快乐、满足，即使失败了也无所谓，因为他们努力了，问心无愧。平时，他们往往给人一种散漫的印象，但是该出力的时候，他们绝对不遗余力，而且具有很强的毅力。

喜爱慢跑

性情温和，待人亲切，能够建立良好的社会关系。心态平和，不喜欢争名逐利。

喜欢竞走

很可能有些叛逆，反传统，个性张扬，喜欢标新立异，善于向他人展示自己独特的地方。他们崇尚自由，不喜欢受约束，自我意识比较强。

喜欢个人竞技项目

比如赛跑、滑雪等运动，多人参加，但只有一个优胜者。这种人往往有理想、有目标，能够为追求自己的目标而奋斗，甚至愿意为实现理想而做出牺牲。

喜欢冒险类体育运动

比如跳伞、滑翔、登山等。这种人富于冒险精神，敢于向一些未知领域进行挑战。性格坚强、固执，心思缜密。行动之前往往会将各个方面的问题考虑周全，一旦决定做，就不会轻易改变自己的决定，无论遇到多大的挫折，他们都能勇往直前，有一股不达目的不罢休的坚韧精神。

喜欢登山

一般性格内向，他们并不是要上山享乐而是要攀登那些远离尘嚣的险峻山峰。他们对那些山峰抱以崇敬向往的态度，面对困难时，坚强不肯退缩，可以忍受孤独和恶劣的环境，敢于抗争。

喜欢骑自行车运动

大多头脑灵活，接受新鲜事物的速度很快。这类人好奇心强，喜欢探索一些神秘的事物。他们做事非常灵活，一般会选择最简捷的路径到达目的地，而不会走常规路线，不会按部就班。

把散步当成一种运动方式

心态平和，不喜欢张扬，缺乏表现欲。这类人的性格就像走路一样，虽然平常，但容易坚持不懈，因此从中受到的益处无穷无尽。他们喜欢过平平淡淡的生活，做自己该做的事，并且有信心做好每一件事。

喜欢下棋、玩纸牌

才思敏捷，具有很强的分析能力和逻辑思辨能力。这类人十分理智，有耐性，一旦决定做某件事，就会集中全部精力投入其中，因此获得成功的可能性非常高。

喜欢下棋的人，一般精通人情世故，懂得下棋之道的人也了解为人处世之道。

不同的下棋方法，反映不同人的性格。有人喜欢出其不意，一步定输赢；有人喜欢稳扎稳打，循序渐进；有人喜欢出乎意料地走一步平凡的棋；有人经常悔棋；有人下棋顾前不顾后，所以做事也不会善始善终。

不同年龄的人下棋的风格也不相同。年轻人喜欢风风火火，不讲谋略；老年人喜欢先进行一番思考之后再行动，讲究策略。

有人在生活中，常常要忍受各种压力，想要通过下棋追求刺激，打破一成不变的平静生活；有人在平时生活中也许会很安静温和，但是在下棋时可能会非常凶猛。他们往往希望通过下棋平衡心态，充实生活。

喜欢打麻将

喜欢热闹，有平常心，能与人打成一片。爱慕虚荣，非常注重自己的外表和他人对自己的评价。

第九节　出游

喜欢探亲访友

有的时候，这种探访可能是到几百里外去给朋友一个惊喜。这类人待人真诚、热情，讲信誉。他们把感情看得很重，在探访亲友的过程中，会获得极大的快乐和充实感。他们做事多实事求是，比较有效率。

喜欢户外活动

这是采用自然疗法来放松自己。这类人往往精力充沛，热情开朗，精明能干，敢于面对现实生活中的各种挑战。他们待人真诚，心直口快，有什么说什么，不会粉饰自己，这种直爽的性格很受周围人的喜欢。

喜欢长途旅行

性格外向，好奇心强烈，对枯燥的、一成不变的生活感到厌倦，需要充满刺激和丰富多彩的生活来满足自己。

7 第七章

人际交往

物以类聚　人以群分

美国思想家爱默生感叹道：“社会是一个化装舞会，人人都掩饰着自己的真面目，但又在掩饰中暴露了自己的真面目。”如何在交际中看穿他人的掩饰并见到其真面目呢？这需要考察他对交际圈子的选择，以及交际中的具体行为，当然，要配合考察他的形象、言谈、衣着等其他细节。

第一节 交际圈子

在公益活动中交朋友

一般而言，这类人自尊心很强，很有信念，具有浓厚的人情味。他们讲信誉，时间观念强，与他人约定的事情，一定会信守承诺，准时完成。做事讲原则，而且有毅力，一旦决定做一件事情，就一定会干到底，即使遭遇挫折也一如既往，勇往直前。这样的人虽然对金钱看得比较淡，但是却热衷于交朋友。

喜欢和长辈或身居高位者相处

这种人往往缺乏安全感，依赖心较强。但也可能具有野心和魄力，想进入更高的圈子，成就更大的事业。后者大多性格刚烈，敢作敢当，胆大心细，可能有出奇之举。

喜欢和晚辈或比自己地位低者相处

他们待人真诚，关心别人，在别人需要帮助的时候，能够全力以赴地施以援手。

只选择有工作关系的人为友

有一点功利主义的倾向。这类人事业心特别强，喜欢争名逐利。感情淡薄，人际关系方面不讲情面，坦率而露骨。虽然缺乏人情味，但是很少欺骗别人。

第二节　送礼物的方式

送昂贵礼物

这种人往往很爱面子，认为礼品的价格越高就越有意义，其实对方是否喜欢自己的礼物他们也无法确定。

选择独特礼物

他们送礼物的主要目的是表现自己，而不是为了讨好对方。这类人往往具有强烈的表现欲望，他们抱负远大，而且经常能得到贵人的帮助而实现理想。

自制礼物

思想传统，待人亲切，富有同情心，在自己能力范围内会无私地帮助他人。这类人非常勤劳，具有丰富的想象力和创造力，而且行动能力强，常常会制作出一些非同凡响的作品。

选择幽默感十足的礼物

热情、开朗，心地善良。这类人很聪明，观察力敏锐，善于捕捉他人的心理，但是不善于表达自己的感情。他们有原则，讲信誉，答应他人的事情一定会完成，决不食言。

选择食品作为礼物

针对的不是一对一的关系，这类人很希望受到对方全家人的喜爱。

选择衬衫作为礼物

与对方的关系一定非常亲密，表示他非常重视与对方的感情。

第三节　在 KTV 聚会时的表现

专挑难度高的歌，很注意自己的台风

每次唱歌，从咬字发音、面部表情到肢体动作都配合得完美无缺，显得颇为专业，很容易赢得掌声。这种人如果不是音乐工作者，那么一定是个追求完美又喜欢挑战的人。他们喜欢表现自己，希望每件工作都能获得赞美。这样的人一般比较有品位，生活、事业都达到了一定的层次。

专门帮别人点歌

这种人不跟别人抢麦克风，最多只在别人不唱的空当唱一首自己喜欢的歌，自得其乐一下。在整场聚会中，他们总是不厌其烦地问每个人："你要唱什么歌？"然后帮人点歌，忙得不亦乐乎。这种人待人真诚，具有奉献精神。

第八章

8

工　作

了解同事，从他的办公桌开始

英国谚语说："事业是生命的盐。"透过一个人对事业、工作的态度及表现，我们可以深切体会他的生命中最根本性的一些素质：他是否理性，有没有理想，是否坚强，能否勇敢面对挫折，能否承担责任，是不是善于合作，等等。

第一节　办公桌物品的安排

办公桌的桌面和抽屉都整整齐齐

所有文件都按照一定的规则码好，整齐而又干净，让人看起来相当舒服。这表明办公桌的主人很有条理性，责任心强，工作效率很高，可以成为非常出色的高级职员。这种人办事和工作都有条不紊，丝丝入扣，值得托付。他们严于律己，特别珍惜时间，很勤劳，每段时间都安排了相应的工作，能够为了达到目标而坚持不懈。不过，他们可能适应能力比较差，在突如其来的变故面前缺乏应变能力，会手忙脚乱而发生错误。喜欢墨守成规，缺乏冒险精神，难有开拓和创新。

抽屉和桌面乱七八糟的人

这些人的抽屉总是塞得满满的，桌面上也杂乱无章，什么种类、什么时期的东西都有，根本分不出哪些文件是作废的，哪些是紧急的。要找一样东西，往往得把所有东西全都翻个遍，最后可能还是找不到。

这种人往往心地善良，没有城府，为人直爽，办事干净利落。不过，他们一般缺乏计划性，总是仓促应战，事倍功半。他们的注意力容易被其他事情分散，从而无法集中在工作上，自然也很难做出优异的成绩。在生活中，他们喜欢简单自在，不习惯把大小事情都规划一番，生活态度虽积极乐观，但过于随便，马马虎虎，得过且过，不适合承担重要的工作。不过，他们的适应能力较一般人要强一些。

桌面上收拾得干净整洁，抽屉里却乱七八糟

这种人往往喜欢做表面文章，爱耍小聪明。他们也许有足够的智力，但缺乏脚踏实地的精神，比较散漫、懒惰。在为人处世方面，他们不是十分可靠，虽然表面上有比较不错的人际关系，但实际上很难交到真正交心的朋友。

抽屉里空空如也的人

这种人往往性格急躁，事业心强，为了工作而不顾其他，总是把桌子弄得乱七八糟。这是因为他们很忙，为了免除工作中拉抽屉找资料的麻烦，总是把物品放在伸手可及的地方。这种人做事豪爽畅快，虽然不顾细节，但是容易成为老板。

在抽屉里存放纪念物的人

这种人往往性格内向，比较怀旧。在他们的抽屉里，可能保存着很多年前的物品，琳琅满目：爱人的相片、旧的首饰、毕业证书，甚至还有儿时的玩具、奶奶给的护身符等。他们独来独往，不喜欢与人结交，但与老朋友联系得较为频繁，关系较为密切。他们情感丰富，比较脆弱，容易受到伤害。不过，昔日的美好回忆会排遣他们的孤独，使他们在平静的夜晚享受快乐。在工作上，可能做事缺乏恒心和毅力，常常会在挫折面前不战而退。

抽屉里存放钞票的人

这种人可能疑心很重，对任何事情都不放心。他们不会把钞票都存入银行，因为他们对银行不放心；不都放家里，因为担心被盗；对办公室也不放心，所以只在抽屉里放一点点钱。为了安全，为了到哪里都有钱用，他们会在很多地方存放钞票。

固定纸张的方式

喜欢使用回形针来固定纸张的人，往往比较善变，易冲动。这类人很难长期与某人维持感情，不过，因为他们几乎不会对他人承诺什么，所以也无法指责他们。他们心里很清楚，即使有所承诺也都是空头支票，根本无法兑现。

喜欢使用订书机固定纸张的人，对生活的态度可能不是特别积极，很多时候会选择得过且过。也许只有在面临巨大的压力，逼得他们无路可走的时候，他们才会积极努力地去创造成功。

喜欢使用普通胶水来固定纸张的人，往往对感情非常专一，但不会轻易地付出自己的感情。这类人对友情、爱情都很忠诚，一旦决定对谁付出感情，就会全身心地投入进去，而且无论在什么情况下都不会改变。然而，由于他们过于投入，容易使对方喘不过气来。

喜欢使用强力胶来固定纸张的人，大多缺乏安全感，疑心重。这类人对他人的要求非常苛刻，为了满足自己的安全感，常常有控制对方的意图。这种对待朋友的方式往往使人想疏远他们，到最后落得形单影只。

喜欢使用活页夹来固定纸张的人，往往八面玲珑，很会迎合他人，具有一定的公关能力和领导能力。这类人能把许多人聚集在手下，让他们心甘情愿地接受自己的支配，因此他们多在单位中起着举足轻重的作用。这类人往往注重外在形象，善于掩饰内心的情感，是相当有城府的人。

喜欢使用透明胶带来固定纸张的人，往往在生活上缺乏规律，且对公事和私事的界限没有清楚的认识，常将工作和生活混为一谈。这类人往往具有较强的独立意识，在社会交往中，他们非常注重人与人之间的距离和空间。

喜欢使用铜制固定器来固定纸张的人，往往有着敏锐的洞察力，善于察言观色，迎合对方，所以他们有着相当不错的人际关系。这类人信心十足，在做一件事之前，通常会有周密的计划以及各种应对措施，一旦决定做就很少失手。

在书本或文件中做标记的方式

折纸张的一角以做标记。这类人往往灵活机动，比较注重现实，应变能力、适应环境的能力很强，无论面对什么样的情况，他们都能够及时调整自己，与周围的环境协调一致。

撕掉纸张的一角以做记号。这类人往往胸无城府，很容易对他人付出感情，甚至为朋友做出一定的牺牲。由于他们过于相信他人，所以常常上当受骗，被人伤害。

第二节 名片

名片上不亮头衔

这类人往往个性很强，讨厌一切虚伪不实的东西。他们非常自信，但并不看重自己的身份和地位，也不重视他人对自己的看法。我行我素，讨厌受制于人，也不乐意驱使别人。他们具有超乎寻常的想象力和创造力，而且踏实肯干，通常能够有所成就。

名片上头衔很多

有的人名片上头衔很多，而且可能各种头衔之间毫无关联，千奇百怪，令人眼花缭乱。这种人的表现欲特别强，在人群中很显眼。他们往往企图在他人面前表现自己的优越感，会把各种各样微不足道的事情讲出来，向他人炫耀。如果想要获得他们的好感，就必须让他们充分炫耀。

同时持有两种完全不同的名片

这表示他在本职以外还有另外一份职业。这种人精力充沛，具备一定的实力，而且兴趣广泛，思维开阔，能够同时应付几件事情。他们往往深谋远虑，富有策略，而且创造力突出，能做出惊人之举。他们大多是功利主义者，可能忠心不足，甚至出卖别人。

名片用粗体大字者

这种人大多强调自我意识，功利心强烈，但待人平和亲切，善于辞令，懂得分寸，有绅士风度。他们性格坚强，全力以赴追名逐利，显得难以接近，但实际上，与他们接触越多，越会发现他们也有人情味的一面。如果他们看好你，会倾尽全力帮助你，而且不求报偿。这种性格的人适合从事政治家、企业家、医生等职业。

名片的质地、形状和色泽都显得另类

他们往往表现欲很强，喜欢标新立异，大多具有艺术家气质，比较自我，性格无拘无束，胆大妄为。虽然能言善道，但难以与人协调，所以人际关系并不是很好。他们是非分明，善恶标准明确，而且喜欢毫无顾忌地表达出来，但有时会招惹别人的反感。

喜欢用轻柔质感的材料制作名片

这种人往往性情温和，文质彬彬，待人很有礼貌。他们有比较高的艺术品位，说话讲究措辞，用词文雅，带有浪漫色彩。在人际交往上，他们轻易不会与人争执，即使争吵，也会尽力原谅对方。他们富有同情心，喜欢帮助和照顾他人。

随着年龄的增长，这种人很可能会变得越来越大胆、以自我为中心，但仍然不失温厚长者风范。他们的不足是意志比较薄弱，容易影响其才华的发挥。

突出显示自己的称谓

这类人一般喜欢强调自我，表现欲很强，但是在追逐名利的过程中会保有绅士风度。个性鲜明，不易与人亲近。安分守己、能言善辩，完全胜任教导后辈，为后辈讲解的工作。

名片上印有绰号或别名

这种人也许是对父母给取的名字不够满意，或者把自己以前的挫折怪罪于名字，所以才用另外一个名字来证明自己。他们可能有些自卑，稍具神经质，叛逆心理比较强。脑筋灵活，富有独创性，但有些人可能性格脆弱，遭遇困难容易逃避，不敢面对现实解决问题，所以事业上难以获得大的进展。为人处世小心谨慎，比较多疑，猜忌别人并怀疑自己，做事不容易与其他人合拍。

名片上附带家庭住址和电话

这种人有很强的责任心，否则不会把家庭住址和电话告诉别人。他们往往成熟稳健，有着出人头地的强烈愿望。或许在他们的生命中，工作是第一要义，事业要比家庭更重要。

附记时间和地点

在递出名片之前，在名片上加注会面的时间和地点，以便对方记忆。这种人往往细致耐心，善于出谋划策，反应敏捷，兴趣广泛。他们很喜欢交朋友，待人周到体贴，值得交往。在工作上，他们热忱认真，可以把重要的工作托付给他们。

塑封名片

这种人往往表面上显得热情、真诚和豪爽，实际上可能心胸狭隘。他们有着很强的独占欲，在别人面前惯于占据优势，不希望他人超过自己。喜欢故弄玄虚，而且不太在乎别人异样的目光。疑心和嫉妒心比较强，让人捉摸不透。

持用彩色名片者

使用这种名片的以从事服务业的人为多，尤其是业务与国外有较多联系的人。

递接名片时的动作

抢先拿出名片，表示对对方有诚意。

递名片时大声说出自己的名字，这是希望引起对方的注意，让对方早点记住自己的名字。

当对方拿出名片时立刻伸手，把名片接过来，这是表示敬重。如果还伴有弯腰动作，更显敬意。

用双手接过名片，表示对对方有好印象，很尊重对方。

接过名片毫无反应，这类人往往性格迟钝，或者有意向对方表示轻视和冷漠。

如果对方递上名片，这边却不拿出名片，那么此人比较傲慢，或者是在表示拒绝。

说“名片用完了”的人

这种人如果不是比较草率随意，那么就是处世谨慎而冷漠，不愿意与对方交换名片。前者往往对生活和事业缺乏规划，与人交往缺少必要的沉着和冷静，显得轻率、肤浅。后者谨慎小心，可以绕开不必要的麻烦和骚扰，功利心比较强，不会轻易浪费自己的精力。

递上两张名片

考虑周到，做事认真细致，而且创造能力强，富有开拓精神。他们往往精力充沛，兴趣广泛，能够身兼数职而且都做得很出色。在社交场上，他们一般游刃有余，手眼通天，到哪里都能吃得开。

到处发名片的人

不分时间、地点和场合，见一个人就发一张名片，好像散发商品宣传广告似的。这种人野心勃勃，有强烈的表现欲，喜欢把自己摆在显眼的位置上，希望大家能另眼看待。他们可能表面上善于交际，实际上，由于发名片时不分场合和对象，所以并不清楚把名片给了谁，别人也不见得会重视他们，反而觉得他们有些莫名其妙。在工作上，他们看似积极肯干，实际上可能言行不一，让人无法信任。

拿出很多名片给人看的人

一张名片代表一个朋友，经常若无其事地掏出一大堆名片的人，喜欢炫耀自己的“群众基础”扎实可靠，路子很广，希望他人能够对自己另眼相看。这种人通常有较强的交际能力和组织能力，能说会道，精力充沛，但可能恰恰自私自利，待人华而不实，喜欢做表面文章。总体上看，这种人适应社会的能力很强，成功率比较大。

看名片很仔细

接到对方递过来的名片，一边仔细地看名片，一边看对方的眼睛。这种人是典型的现实主义者和功利主义者，警惕性较强，观察力敏锐。他们公私分明，而且厌恶公私不分的人。他们一般注重实际利益，直截了当，毫不掩饰，如果觉得有利可图，很快就会答应，否则很难说服他们。与这种人交往，花言巧语是不起作用的，必须拿出实实在在的东西来。他们一般行动能力很强，做事扎实周到，成功率高。他们讲究信誉，办事可靠，但是可能朋友不多。

第三节　主持会议的方式

简捷明快的人

主持会议清晰明了，内容安排有序，讲话条理清晰，言简意赅，落在实处。这种人能够把握与会者的心理，颇受欢迎。他们往往对工作和生活都充满信心，善于筹划，做事必精心准备，雷厉风行。此类人一般可以胜任重要岗位领导工作。

说一不二的独裁者

在大会上说一是一、说二是二，不容置疑。这种人多是具有一定身份、地位和能力的人，他们通常是靠自己的真才实干攀到现今位置上的，对自己目前的处境非常满意，并对未来怀有更大的信心。他们有较强的意志力，处乱不惊，泰然自若，有大将风度。但同时也比较固执己见，轻易不会接受他人的意见，比较独断专行。

把会场当课堂的人

在主持会议时，这种人会把所有听众都当作自己的学生，唯恐他们听不明白，所以会一再地讲解，甚至忘记了时间，使与会者哈欠连天。这一类型的人多可能在某一学术领域非常精通。他们具有一定的权威意识，为人处世方面清高气傲，但可能对于自己专业之外的人和事很漠然。

狂热地表现自己的人

在会议中毫不客气地占用大量时间，诉说自己的种种成就，强行向听众灌输自己的意见和看法，甚至会打断他人的发言。这种类型的人多以自己所处的特殊位置而自豪。他们一般头脑灵活，随机应变，但喜欢阿谀奉承、欺下媚上，也可能缺乏责任心，在事故面前一般会想方设法逃脱责任。

只做“传声筒”而不表态的人

这种人主持会议，只是将下级的意见一点不差地呈现给高层，再把高层的指示原封不动地传达给大家，而自己并不表态。这一类型的人比较圆滑世故，不会轻易地得罪谁，尽量远离纷争，更希望利用别人来达到自己的目的。他们一般处世老练，能够以静制动。

主持会议谦逊有礼的人

彬彬有礼而又谦卑含蓄，让其他人畅所欲言，自己却很低调。他们往往是上司有意提拔的人，至少是值得信任的务实派，有一定的发展前途。他们非常谨慎，有时候会因犹豫不决而难以与他人达成共识。

借开会要威风的人

这种人在公司大多处于不高不低的位置，一方面有些志得意满，另一方面又想往上爬。他们喜欢摆架子，显威风，开会时喜欢制造声势，即使毫不相关的人也得去参加，到场去为他呐喊助阵。他们常常打着群众的幌子为自己牟利，欺下瞒上，这样的人都是单位的蛀虫。

发言结束时，概括前面的话

他们不敢肯定刚才的话是不是完美，所以下意识地重复并总结一下，以确保前面的发言没有任何疏漏。这种人多是有洁癖的完美主义者，谨慎细致，但是有非常顽固的一面。

发言的结尾不清晰

这样的人有些性格消极，神经质，缺乏自信，总是担心自己说错话或做错事。做事犹豫，前怕狼后怕虎，出差错时可能喜欢嫁祸于人。

第四节　上下级及同事之间的处事方式

如何辨别领导对你的评价

这里的评价是指你的上司在别人面前对你的评价，不是当着你的面进行的，因为面对面的评价往往掩饰过多，过于微妙，不容易发现其真实的内在含义。

第一种情况，领导对你的评价是："不错，不错！"

如果他一边这样说，一边笑容满面地连连点头，那么他一定发自内心地赏识你，对你很有好感，你很可能会受到他的提携。

如果他口说"不错"，但几乎头也不抬，显得若有所思而又不露声色，那么他一定是在敷衍。他可能对你印象不太好，但是不愿意直说；也有可能对你印象不错，只是不愿让别人知道。

第二种情况，领导对你的评价是："太好了！"

这样肯定地赞扬一个下属是非常少见的，对于有着相当阅历、沉稳老练的管理者来说，这种赞扬往往别有含义，甚至可能表示对此人不满意。如果你的工作真正干得好，老板绝对不会做如此评价，而是会采用比较低调的方式。

第三种情况，领导说："我挺喜欢这个年轻人的。"

这句话比较明确地透露了他对你的赏识，认为你大有潜力，可以发展成为公司里最出色的一员。如果不出意外，你会成为他的助手。

第四种情况，领导说："还行。"

这个评价表面上比较低，实际不然。这句话流露出了对你的肯定，而且对你的未来发展抱有希望。

第五种情况，领导说："还不好说，再看看吧。"

潜台词是："这个人不好，我不便评价，评价出来也不好听。"类似于学校对犯了错误的学生警告说："留校察看，以观后效。"这算是比较差的评价，如果你在工作上无法获得突破，无法扭转老板和同事对你的印象，那么你很可能会被开除。

如果领导找到你赞扬一番

如果领导笑容可掬地找到你，大肆赞扬了一番你的工作业绩，从按时上班、从不缺席也不迟到早退，到业务熟练、待人和善、办公桌收拾得干净等，事无巨细全都点到，可是直到最后你都弄不明白他到底想要说什么，那么你可能快要倒霉了。也许有某个机会比如涨工资、升职、培训等将要与你失之交臂，而且这个美差可能正好落在了你办公桌对面的某某身上。为了避免让你过于失落或愤怒，领导特地提前送你一个“甜枣”吃。

如果领导找你谈论某个同事

如果领导单独跟你见面，若有所思地聊了聊工作，忽然问你觉得某某工作能力如何，那么他可能正在考虑人事变动问题，正举棋不定。也许他只是征求你的意见，也许他把你也列入了考虑的范围。说不定他已经与你的同事谈论过你，征求过他们对你的评价。这种时候往往有升迁的机会，需要好好把握。

如果领导找你聊工作，征求你的意见

他可能会先招呼你坐下，简单地对你的工作发表一点意见，然后很严肃地请你发表对整个公司的看法，还可能问到你个人对事业的规划。这种情况下，他可能准备把你提拔到一个比较重要的位置上去，而且对你寄予厚望。

如果领导找你谈话，宣称：“我只对你一个人说……”

“我只对你一个人说……”有时候表现为另一种说法：“这个问题，我想，只有问你是最合适的。”不管具体措辞如何，情况都比较复杂，应该区别对待。

有的领导说这种话，目的只是激起你的兴趣，没有深层意思。他可能是对某个部下不太满意，却无法直截了当地批评，所以随便找一个下属发发牢骚。对于这种谈话不必太当真。这种领导大都缺乏自信，优柔寡断，需要安慰，你应该认真倾听他的牢骚，但是不要迎合，以免强化他内心的不平，让自己陷入两面不讨好的境地。

有的领导不简单，他们说这话，表面上是怕你把事情传开，实际上是想让你把消息传出去。他是在假装只信任你一个人，实际上，他的这句话说不定对好几个人都说过。一旦他的目的达到，你可能就会被甩开，甚至成为责怪的对象，责怪你传播流言蜚语。面对这种领导要当心，对他们既不要迎合，也不能对抗。

有些领导找人“私谈”是为了刺探别人，或者是为了刺探你内心的想法，说这句话的目的就是要套出你的真心话，然后对你进行安排或处理。对付这种探询的最好方法是装糊涂，不予具体回答，让他抓不到把柄，难以做出评判。

从同事递笔的方式看他的性格

想知道你的同事性格如何，是不是能够成为你的朋友，可以向他借一支笔用用。

如果他用惯用的手，笔尖朝向你，可能说明他虽然认为你是重要的，但却想站在你的上位，领导你，掌控你。这类人往往有些傲慢、自以为是，对他人的顺从度几乎为零。

如果他用惯用的手，笔尾朝向你，说明他很重视你，对你没有攻击性、恶意、蔑视感，属于顺从、温和的人，能够尽量配合他人，这种人更容易相处。

如果他没有使用惯用的手，笔尖朝向你，说明此人可能自尊心和虚荣心较强，而且以自我为中心、任性。这类人只要听到奉承的话便眼高于顶，赞美他或奉承他，他便会尽量满足你的要求。

如果他没有使用惯用的手，笔尾朝向你，说明此人可能非常谦虚，为人正直，只要是合理的请求，他就会耐心地听取。另外，这类人可能对那些不讲理、任性的人极为厌恶。

公司陷入困境，如何判断下属是否要跳槽

如果下属很轻松地对上司说：“放心，我觉得咱们公司不会有事的。”这种情况下，他可能已经有了新的出路，不再关心公司的生死存亡，因此口气很轻松。

如果他说：“老板，我们不如先像某某公司那样……”这人很危险。他可能已经研究过甚至接触过某某公司，跳槽的可能性很大。

如果他说：“据我所知，在这种情况下应该……”那么很可能潜台词是：“我已经提过建议，也算对公司尽了力，实在是无能为力了。”他的跳槽几乎是肯定的。

如果一个平时并不快言快语的人跟上司说：“咱们公司的……都不行。”那么他可能已经对公司彻底失望，即使暂不跳槽也不会认真工作了。

如果一个下属很严肃地对上司提议："您看我们是不是先这样？"每句话都是"我们"该如何如何，那么上司应该感到幸运，因为这个提建议的人对公司很有责任感，存着"匹夫有责"的心态，把自己与公司的命运连在了一起。他大概率不会跳槽，而是会积极寻求出路，帮助公司渡过难关。

"随便"的含意

当你向同事征求意见时，他说"随便"，那么他的心理有可能是以下五种情况：

一、他对这件事没有太大的兴趣，对他而言，怎么样都无所谓；

二、他缺乏主见，拿不定主意，无法做出有效的选择，所以只好说"随便"；

三、出于客气，让你随意做，他不介意；

四、他比较尊重你、信任你，期待你能"领导"他；

五、他心里极力反对这件事，但又不忍扫你的兴，所以用"随便"来敷衍你。

如果同事对胜负摆出无所谓的态度

在一个公司中，偶尔需要竞争。如果一个人对于胜负好像无动于衷，那么他很可能属于自我防卫型的人，表面上对胜负无所谓，实际上非常看重输赢，但是又不想让人看出，害怕受到伤害。这种人一般比较内向，心理脆弱。

如果某人在工作过程中突然变得不愉快

毫无来由地，脸上就出现了不愉快的表情。这说明此人可能承受压力的能力较差，一旦陷入危机，精神就会崩溃。这类人属于欲求不满而又缺乏意志力的人，比较软弱，处理事务的能力较差。

成天板着脸的人

有的人整天板着脸，看起来闷闷不乐，谁也不知道他们到底在想什么。这种人心里往往有很多古怪的想法，而且这些想法往往有些不切实际。他们有自己的处事原则，但是这种原则无法在一般人中通行，令人十分费解。这种人既敏感又挑剔，但心眼并不坏，只是性情比较古怪而已。他们自尊心比较强，一旦发现自己受到别人的重视，就会变得热情起来，不再绷着一张扑克脸，也很容易接受别人的意见。

整天乐呵呵的人

有些人整天都乐呵呵的，好像从来都没有过烦恼，甚至给人一种对什么事都漠不关心的感觉。其实，他们可能非常重视别人对自己的看法，很容易受他人的影响。这类人或许言行举止不谨慎，有些轻率，甚至不讲信誉，像毁约这类事总是发生在他们身上。他们表现欲强，对什么事情都有好奇心，总想试一试，但往往因为意志力薄弱、缺乏耐性而半途而废。这类人也许不善理财，花钱大手大脚，容易盲目投资。

不愿与人交往的人

有些人不喜欢与人交往，除了单位的同事以外，私交很少。这样的人往往缺乏原则，不讲信誉，容易忘记与别人的约定或承诺，甚至反悔。有些人缺乏开拓创新的勇气和能力，思想比较陈旧，工作努力，但效率低。在生活上，这样的人比较随便、懒散。性情冷漠，做什么事情更希望图自己方便，不顾及别人。例如，超过了与别人的约会时间，一般人都会非常着急，心里很愧疚，但他们可能照样慢慢腾腾。在工作上不要轻易地使用这样的人，以免给自己带来无法挽回的损失。

固执的人

为人正直，有智有谋。做事讲求原则，立场坚定，不轻易向人低头。这样的人往往思想陈旧、保守，不管是衣着、饮食还是日常用品常常与社会脱节，做事也由于保守而缺乏应有的冒险精神。这类人比较适合做管家类的工作。

喜怒无常的人

性情刚烈、直率，易冲动，心无城府，没有野心。这类人比较粗枝大叶，做事虽然有一股冲劲，但缺乏周密的计划和对形势的把握。

言行不一的人

这种人心里想的、嘴上说的、手上做的都不一致。比如，他心里想得到某件东西，而别人递给他时，他会在嘴上拒绝，同时伸手接纳。这种人往往深通世故，处事圆滑，不轻易得罪人，即使面对敌人也能笑容满面。他们善于处理人际关系，努力与人保持和睦，不到万不得已不会得罪人，即使得罪了也会想方设法弥补。在感情方面，他们不容易动真情，但一旦动了真情就很难挣脱出来。

9

第九章

色彩偏好

今天穿黑色，不宜闲聊

在艺术家看来，最能直截了当地触动人心的莫过于色彩和声音，它们都不需要经过思考，就能直接进入心灵。这就是即使文盲也能被图画和音乐所感动的原因。可以说，对色彩的偏好反映了人最深层的心理特征和心理需要，是辨识性格的重要依据。

第一节　黑白颜色

喜欢白色的人

白色代表纯洁，象征着朴素与神圣。偏爱白色者，大多单纯明朗，泾渭分明，生活中爱清洁，家居布置宽敞明亮，讲究个性特点。他们追求卓尔不群，有一定的进取心，讲究实际，但不太容易与人和平共处。

这种人表面温和柔顺，内心却可能不愿在人群里生活，喜欢独处。在人际关系方面，他们不喜欢动脑筋去想复杂的事情，只想过无忧无虑的生活。

喜欢白色系的人向往细水长流式的感情生活，通常都有较强的家庭责任感。他们相当重视自然的健康食物，生活方式简单、质朴但又很有品位。

喜欢黑色的人

黑色比较沉重、压抑、神秘，但同时也显得高贵、深厚，流露出典雅与威仪。喜爱黑色的人大多性格内向，城府深，小心谨慎，喜欢独来独往，保持独特的个人空间。

喜欢黑色的人性格有两面性。他们敢作敢当，认真负责，做事观察力强，有韧性，属于力量强大的类型；但同时又容易陷入阴郁颓废的旋涡里，对什么都很消极，甚至性格怪异。总体看来，他们喜静，不喜欢张扬，希望避免意外的麻烦。这种人可能讨厌谈论私生活，所以与他们交谈的话题最好限定在工作范围内。

喜欢灰色的人

灰色象征中立、和谐、保守、平静，是一种给人印象较弱的颜色。偏爱灰色者，往往比较慎重，待人温和，追求和平与安定，能够为他人考虑，习惯于压抑自己的热情。他们喜欢风平浪静的生活，内心里极度讨厌被别人干涉，不喜欢和别人深交。

在工作方面，他们可能缺乏毅力，性格怯懦，缺乏主见，不容易成为领导者。在工作不如意的时候，他们容易产生逃离现实的冲动，变得消极。

喜欢米白色的人

有责任心、情感专一长久，看重家庭生活。关注身体健康，讲究生活品质，不过并不追求奢华，注重简朴自然的健康食物。

喜欢银色的人

银色其实就是灰色或者白色加上荧光。喜欢银色的人，往往比较浪漫而且时尚。他们虽然不喜欢在大庭广众之中招摇，但却是个擅长制造场面而且又不露痕迹的高手，总是能给朋友带来意外的惊喜。

讨厌黑色的人

他们更喜欢按自己的意愿行事，然而却可能碰壁。身边的人会害怕与他们相处，这让他们感到非常孤独无助。

第二节　红黄蓝三原色

喜欢红色的人

红色是鲜血的颜色，是一种刺激性强烈的色彩，意味着燃烧的愿望。喜欢红色的人大多精力旺盛、感情热烈。他们乐观积极，喜欢展现自我，容易冲动，雷厉风行。他们喜动不喜静，善于社交，爱表现自己，也喜欢照顾他人，在别人受到挫折时会愉快地伸手相助。他们的目的意识很强，对派别斗争相当敏感，适合做领导者。但是由于他们有些张扬，所以很容易与人发生冲突。他们具有带动部下向前行进的力量，但是这种力量也容易使他们变得像暴君。

这类人喜欢成为众人瞩目的中心。作为他们的朋友或下属，应该尽量颂扬他们，并表示对他们的忠诚。他们注重体面，如果要批评他们的话，一定不要当着别人的面，而且忠告和建议也要有节制。

喜欢黄色的人

黄色是一种健康的色彩，亮且刺眼，它意味着光辉、单纯、希望。喜欢黄色的人大多属于乐天派，热爱生活，心地善良，精力充沛，身心健康，拥有高贵的气质与纯洁的心地。

他们喜欢不受拘束的生活，想象力丰富，具有行动力及冒险心，是不容易满足现状的积极派。他们习惯按照自己的想法安排日程，凡事要求尽善尽美，但容易弄得自己疲惫不堪。

他们脾气倔强，容易与周围的人发生冲突。不过，他们明朗的性格可以为他们赢得一些真心朋友。

如果一个人喜欢金黄色，觉得普通的黄色还不够亮丽，那么他往往具有贵族气质，气魄很强，具有稳定军心、压住阵脚的帝王气派。

如果一个人讨厌黄色，那么他可能情绪不佳，或许是遇到了挫折，正处于丧失梦想和希望的状态。

喜欢蓝色的人

蓝色是一种容易令人心生遐想的色彩，平静而广阔，轻柔而舒展。

喜欢蓝色的人大多比较内向，注重精神追求，对于物质利益的要求不强烈。他们有着旺盛的好奇心，善于探索，学习能力不错，内涵深厚，富有想象力与创造力，像大海一样深邃、美丽。

他们大多比较严肃和深沉，遇事镇定自若。他们尊重道德、秩序和规则，讨厌变化，喜欢安定。工作踏实而有条理，注重分析，善解人意，适合团队合作性质的工作。他们很受同事的尊重，但难以晋升到最高的位置，因为他们往往缺乏独自开拓的勇气。

在交往方面，他们比较慎重，但是待人公正、平和，这类人值得信赖。在情感方面，他们对于异性容易一见钟情。

讨厌红色的人

这类人付出努力却得不到回报时，往往表现出无奈，会觉得有挫败感。

讨厌黄色的人

现实生活中感到有失败感，或者常处于没有梦想、感觉不到希望的状态。

讨厌蓝色的人

经常陷入“没有谁比我更不幸”的境况，心里会暗示自己一定会有转机，但苦于找不到机会转变。

第三节 合成色

喜欢粉红色的人

粉红色色调柔和，是感情细腻、性格温柔的人喜欢的颜色。他们往往出身于中等以上家庭，或者小时候家教严格，大多性情优雅，衣着整洁，讲究礼节，在交际场合言行得体。他们具有很高的审美能力，生活比较有品位。他们很有同情心，在别人有困难时会伸出援手。但缺点是过于随和，即使在原则性的问题上也不喜欢与人争辩，会给人以软弱、寡断的感觉。

喜欢桃红色的人

喜欢打扮得很漂亮，对外表形象非常注意，一般举止优雅，风度翩翩。

喜欢酒红色的人

酒红色融合了红色的热情与黑色的压抑，颇有内蕴，是高贵的色彩，象征着权威。酒红色代表安逸、祥和与稳重，喜欢这种颜色的人大多家庭稳定，思想传统，是保守与懂得节制的人，对自己的要求很严苛。同时，他们一般与世无争，容易与人亲近，但是又不失威严，给人以很“古典”的感觉。

喜欢红褐色的人

红褐色代表安详，喜欢红褐色的人一般性格平和，与世无争，对现状很满意。平易近人，温和顺从，没有反抗意识。

喜欢红褐色搭配灰色的人

人际交往能力强，有好人缘，善于察言观色，待人态度平和，懂得迁就对方。

有一定的抱负和追求，会用适当的方法达成目标。

喜欢橙色的人

橙色是由红与黄混合而成的色系，明快、温暖、活泼，一般是在对人生充满强烈欲望的时候所选择的颜色。这种人快活、精力旺盛、积极进取，在事业上满怀信心、勇于开拓，但可能有些马虎。喜欢社交，八面玲珑，朋友很多。不过，他们对新朋友更为关注，容易忽略老朋友，所以真心实意的朋友往往不多。在生活上，他们讲究品位，对各方面的物质要求都比较高。

喜欢绿色的人

绿色是自然界中最常见的颜色，象征着安定、宁静、润泽、生机。它是一种中性色，令人感到稳重、平和，能使精神获得安抚。

喜欢绿色的人，看起来很文静，实际上内心积极乐观，充满青春活力。他们做事稳重，凡事按部就班，有耐心及实践能力，能在稳定中发展事业。他们头脑灵活，对于上下级关系或人情世故一般持谨慎小心的态度，能够从容应对各种人际关系。不过，由于故意与人保持距离，会给人以特别“酷”的印象。

喜欢墨绿色的人

墨绿色代表深沉宽容，喜欢墨绿色的人包容力强，善于学习，适应能力强。追求完美，为了达成目的，往往会妥协包容并不完美的事物。

喜欢黄绿色的人

这类人可能不善交际，身边认识的人有限，没有太多兴趣爱好，感情纤细。

喜欢翠绿色的人

喜欢这种清新明亮色彩的人一般性格开朗，有优雅的举止，充满智慧的谈吐，跟一般人比起来，显得与众不同，往往给人一种清高的印象。

喜欢青绿色的人

一般具有心思细腻、多愁善感的特质。

喜欢紫色的人

紫色属于冷色系，喜欢紫色的人一般多愁善感。紫色象征着权力，是一种带有贵族意味的颜色。喜欢紫色的人大多自信、清高，情感浓烈却秘而不宣。

他们感受力和创造力丰富，多具有艺术才能。讨厌平凡无奇的事物，喜欢与众不同的品位，自尊心受到伤害时可能会变得歇斯底里。这种人生活浪漫，对于物质方面的要求很高。在人际交往方面，他们谨言慎行，喜怒不形于色，气质神秘。

喜欢棕色的人

棕色是一种安逸祥和的颜色，它深沉、不醒目，坚实而简朴。喜欢棕色的人多比较安静，讨厌引人注目的事物，没有太大的野心，满足于没有纷争的生活。他们忠诚可靠，有自己的安排和计划，善于规划钱财，值得信任。但稍嫌循规蹈矩，在收入和事业方面容易原地踏步或进展缓慢。他们比较固执，不希望受到他人的影响，在交往方面会有些倔强。

喜欢荧光色的人

令人眼花缭乱的荧光色是现代电子仪器设备的代表颜色，喜欢这种颜色的人，往往对时尚科技很感兴趣，对于新电器和新的生活方式非常向往，希望能拥有绚丽的物质生活。

喜欢咖啡色的人

咖啡色代表沉静安稳，具有朴素深沉的特点。喜欢咖啡色的人有主见，遇事沉着冷静，不容易受他人意见左右。不喜欢醒目的色彩，因而不会积极表达出自己的主张，不会强迫别人接受自己的观点。头脑清醒，很了解自己的性格，对待感情认真、执着。

第十章 10

从车看人

懂车等于懂甲方

现代生活中，所有人都不可避免地与汽车发生着联系，否则寸步难行。对汽车的态度，坐车或开车时的种种表现，都反映着他的心理与性格：对金钱、地位的看法，遇事是冷静还是急躁，有没有包容之心，等等。

第一节　乘出租车的方式

坐司机旁边

坐这个位置表示准备付出租车费。这种人并不见得富裕，但是有成为富人的潜力。他们很有理智，懂得遵守市场规律，了解人心。他们镇定自若，判断力很强，不会因突发事件而手忙脚乱。如果真的遇到很大的麻烦，懂得理智地放弃，绕开障碍去寻找新的目标。

坐后排中间

这种人可能有一颗脆弱的心，更适合选择一项稳定的工作，每月领取一份适当的工资，过一种安详、平和的生活。

坐后排右边

他可能是家庭的领导者，有保护人的倾向。这种人做事喜欢精心策划与设计，是个细心的人，在花钱之前可能就会想到后果，不会对突发的危机没有准备。当他发现放弃是绕开障碍的唯一方式的时候，就会义无反顾地放弃，并且不会回头再看一眼。

坐后排左边

这种人往往喜欢封闭自我，可能有些自以为是。他的固执也许会让他在追求梦想时用尽全力，但他不善于审时度势，容易执着到死板的地步。他应该学会选择放弃，否则会容易碰壁。

两脚张开，右脚先踏出去下车

这种人大胆、爽快，不太注意小事情。为人处世非常大方，但细心不够。

两脚同时踏出下车

这种人属于匆忙型，时常可以见到他们手上拿着东西，匆匆忙忙地跑来跑去。他们常常希望以最快的方式将事情处理完毕，容易上手，却也容易放弃。他们可能是不注意小事的乐天派，是做任何事都要比别人快才能满足的类型。属于现实主义者，与人交往更喜欢结交对自己有益的人，自己想要的东西一定要拿到手，有时会忽视自己对别人所造成的困扰。

身体前探，两脚随后一起踏出下车

这种动作比较女性化，充满魅力。这种类型的女性在与人交往时一般随时都保持着温柔的微笑，细心周到，每个人都会想亲近这种女性。她们可能善于交际，八面玲珑，但偶尔也会有点任性。（见图 10–1）

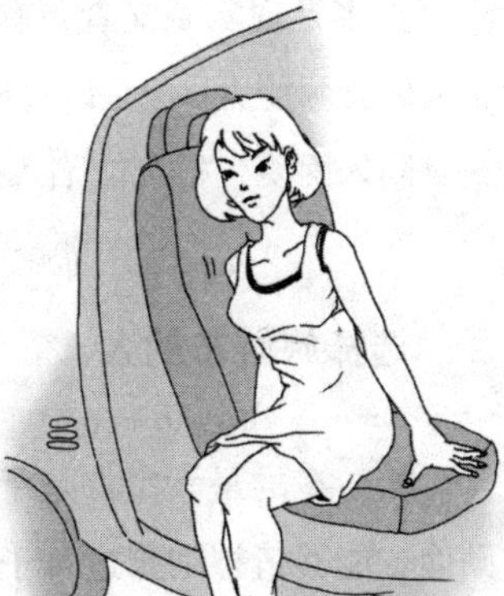

图 10–1

侧向，两脚放到旁边再下车

这种下车方法也是多见于女性，最为优雅，模特儿或注意形象的人大都采取这种方式。常见于习惯搭车的女性，或是驾车经验很丰富的女性。她们

一般为人谨慎，与人的交往趋向自由，不会干涉别人，也不喜欢受到干涉。（见图 10-2）

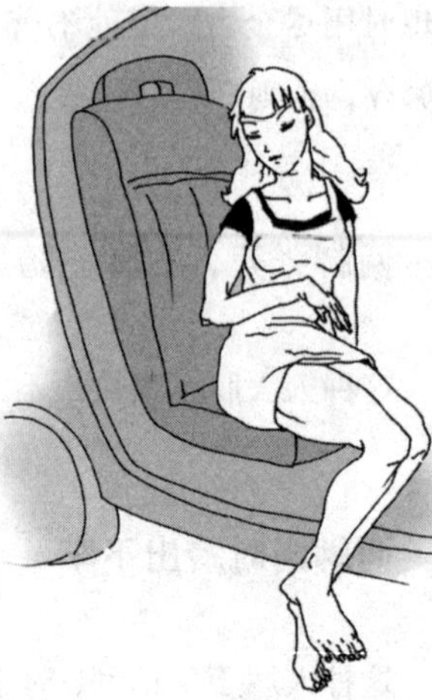

图 10-2

先挺出腰部再下车

这是相当困难的下车方法，很少人会采取这种方式，大部分都是偶尔为之。如果有人一直采取这种下车方式，则此人大概率相当能干，而且颇具行动力。他们自尊心较强，不喜欢受人压制，讨厌拘束，无法对别人唯命是从，更喜欢以自我为中心。喜欢向新事物挑战。

第二节　对车的选择

选择进口车的人

大多是现实主义者，有些会缺乏团队合作精神，处处为自己打算，虽然具有很强的交际能力，但多以物质利益为纽带，所以这类人交友虽广，但多为利益之交，一旦陷入困境，很可能陷入孤立无援的境地。

选择旅游车的人

旅游车的最大特点是承载量大，而且坚固耐用。选择这种车的人，多是比较勤俭、能够精打细算过日子的人。他们往往是用自己的汗水和智慧白手起家，利用有限的条件获得了一定的成功，不慕虚荣，为人朴实，能赢得他人的尊敬和赞扬。

选择豪华车的人

对豪华车情有独钟的人，多是希望自己与众不同，吸引他人的目光，获得一定的影响力。选择豪华车的人，往往都是位高权重的人。豪华车会使他们更有成就感，也更有利于他们的事业进一步展开。如果不单纯为了炫耀，那么他们往往野心勃勃，准备获得更大的成功。

选择敞篷车的人

多是外向型的人，喜欢与外界接触。他们一般喜欢热闹，对色彩鲜艳的事物情有独钟，没有生气的生活会使他们备受压抑，甚至感到生不如死。他们热情洋溢，富有同情心，能在别人需要帮助的时候助上一臂之力，而且不求回报。另外，他们比较时尚，对新鲜事物的接受能力非常强。

喜欢吉普车的人

性格刚强、粗放、豪爽，希望自己超过别人。他们可能有非常强烈的自主意识，讨厌规则与束缚，敢想敢做，不怕挫折，希望闯出一条属于自己的路。

选择双门车的人

这种人可能控制欲和占有欲比较强烈，希望驾驭别人，对别人的领导口服心不服。在人际交往中，他们更关注自己，往往不会为他人着想。他们一旦喜欢上什么东西，就会尽一切努力去争取，不达目的誓不罢休。

选择四门车的人

一般性格比较独立，讨厌被人左右，希望能按照自己的意愿办事。他们自己往往有过深刻的被人限制的感受，所以不喜欢对他人的行为指手画脚，更不会强人所难，大多数情况下会尊重和支持他人的看法，对待下属也是这样。他们善于把握人际关系中的分寸，会赢得相当多的尊重与信任，为自己营造出很不错的气氛。

选择节油型汽车的人

这一类型的人比较客观而实际，是脚踏实地的人。他们不慕虚荣，不攀比，待人不卑不亢，温和有礼。他们活得扎实，现实感强，虽然也有幻想，但不会沉迷其中，而是在现实中努力奋斗，先把握住已经拥有的一切，然后再寻求发展。

第三节　开车方式

按规定速度开车的人

这种人开车规规矩矩，对他们而言，车是代步的工具，开车的目的不是寻求刺激或炫耀，所以他们能够以平和的心态开车。这一类型的人思想传统，处世保守中庸，不得罪人，也不容易上当受骗，人际关系扎实稳定。在工作上，他们遵纪守法，从不冒险，踏实敬业，大多会有一定的成绩。

低速开车的人

开车特别慢，甚至比规定速度还要慢很多。这种人一般胆小怕事，对自己缺乏信心。他们会担心什么都把握不住，所以什么都不敢承担，避免任何责任放到自己手里。他们一般清楚自己的这个弱点，感到很苦恼，而且怀疑别人都在用异样的眼光看待自己，所以更加自闭，更缺乏追求理想的勇气。这类人往往嫉妒心强，但又难以下定决心奋起直追，所以在他们面前一定要低调，以免让他们失去平衡。

高速开车的人

这种人一般性格积极，比较急躁，可能还有些暴躁。他们比较独立自主，讨厌规矩和束缚，不循规蹈矩，面对外人的横加干涉可能会采取极端猛烈的反击，对社会上的不公平现象感到愤怒之极。他们不慕虚名，以快乐作为生活的准则，属于比较单纯、率性的人。

喜欢超车的人

有的人开车，只要看见前面有一辆车，不超过去心里总是不舒服。这种人一般不服输，争强好胜。他们很自信，喜欢从事竞争性很强的职业，霸气十足。不过，他们做事不够扎实可靠，很可能是自我中心主义者，一旦处于劣势就会失去心理平衡。他们在上司面前或许唯唯诺诺，表现得很卑微；而在下属或同事面前，却比较狂妄。

刹车过早的人

离停车地点还很远，就提前刹车，生怕惹出什么麻烦来。这种人一般谨慎有余，有些胆怯。他们一般缺乏判断力和决断能力，遇事六神无主、手足无措，只能等待别人的援助或者指挥。在事业上，他们或者是缺乏能力，或者是过于在乎别人的看法，所以表现得缩手缩脚，不改变的话，难以得到发展。

绿灯亮后猛踩油门的人

只要绿灯一亮，就抢先往前冲。这一类型的人往往头脑灵活，反应快捷，随机应变的能力强。不仅开车争先，在生活和工作之中，他们也习惯于抢先一步，不甘屈居人下。他们普遍有较强的竞争意识，对成功的渴望非常强烈，而他们凡事抢先的习惯也为成功创造了更多机会。他们跌倒的可能性比一般人要大，但成功的可能性也要大得多。

绿灯亮后最后发动车子的人

冷静、沉稳，谨小慎微，凡事都要等到具有一定把握以后才行动。他们并不追求辉煌，而是希望自己的生活顺利、平稳，不出现意外，多少有些与世无争的态度。在人际关系方面，他们很少会显得咄咄逼人、锋芒毕露，别人也一般不会对他们加以防备。

塞车时不慌不忙的人

塞车的时候从容不迫，一步一步跟着前面的车，情绪不波动，显得很镇静。这样的人性格比较沉稳、自信、开放，待人随和而热情，即使初次见面，也能让对方觉得像见到老朋友一样。他们做事稳重而周到，关键时刻比较果断，往往能有不错的事业。

遇到红灯或堵车，大声按喇叭的人

一般性格外向，暴躁易怒。他们不太善于调节情绪，少有心平气和的时候，遇到不如意的事情可能会大喊大叫，乱发脾气。这类人城府一般不深，不善于计划，不能随机应变，在挫折和困难面前有时会不知所措。他们可能总想努力做一点事，但是效率较低，而且缺乏系统性。

开车时沉默不语的人

开车时默不作声，即使旁边坐着很亲近的人也是如此。这种人一般性格内向，不善交际，但是待人坦诚，不喜欢隐瞒自己的好恶，会有真心朋友。他们可能比较感性化，很重视第一印象，如果第一印象好，就很容易成为朋友；如果印象不好，他们也不会为了某种目的而刻意讨好。

喜欢鼓吹自己的驾驶技术的人

这类人喜欢坐在司机旁边或后面，对司机指手画脚，批评这个弯转得不好、那个油不该加等，而且跃跃欲试。不过，一旦让他们上手，可能会开得东倒西歪，与他们想象和吹嘘的情况存在着很大的差距。这种人一般希望自己的生活能够时时充满刺激，为此他们会不断地创造机会，但是却不愿扎扎实实地从小处做起，属于想赢却怕输的类型。

不喜欢开车的人

这种人可能有较强的自卑感，自主意识差，依赖性比较强。他们时常进行自我否定，习惯于被人领导，而不是领导他人。他们往往缺乏安全感，经常觉得受到了威胁，情绪比较消极。他们很在乎他人的看法，做事比较缩手缩脚。由于缺乏积极的冒险精神，喜欢跟随在他人身后走，所以很少有丰厚的收获。

第十一章

11

吃饭

吃鱼顺序里也有性格测评

从饮食习惯看性格，最初是由美国行为心理学家发起研究的，其灵感来源于对动物食性的分析，比如食肉类动物性情凶猛，而食草类动物则比较温和，等等。心理学家发现，人类作为高级动物，也同样遵循某些自然规律。当然，人的饮食习惯要复杂得多，其中的社会因素起着相当大的作用，而且规律性更强。

第一节　吃相

拿筷子的姿势

只用食指和拇指两根指头夹住筷子。一般来说，这样的人性格比较叛逆，但却具备超乎常人的艺术才华，不管是写作、绘画、音乐……多多少少都有值得骄傲的本事。（见图 11-1）

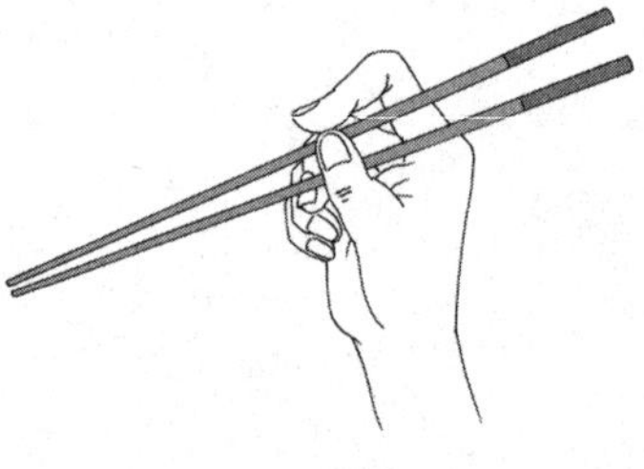

图 11–1

小指和无名指紧紧弯曲。这种人往往循规蹈矩，喜欢按照合常理的路线走，生活非常有规律，精神状态也相当稳定。（见图 11-2）

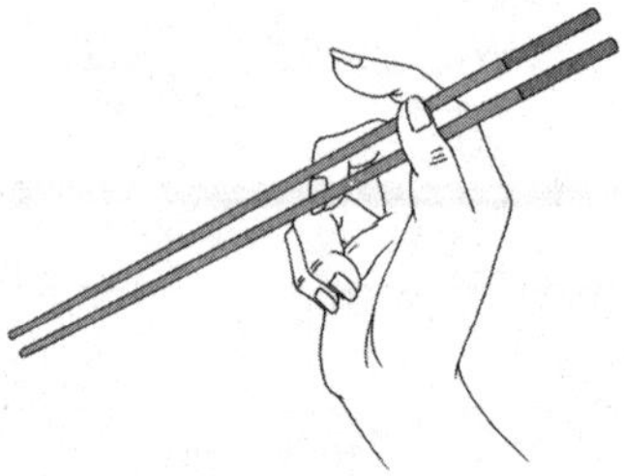

图 11–2

小指跷起。这种人可能焦躁易怒，喜欢发脾气。比较敏感，一个影子或脚步声就可能把他吓得跳起来。但是他们在异性眼中可能深具魅力，容易成为多人追求的对象。（见图 11-3）

食指偶尔不自觉跷起。颇为沉稳，不会乱发脾气，善于控制自己。（见图 11-4）

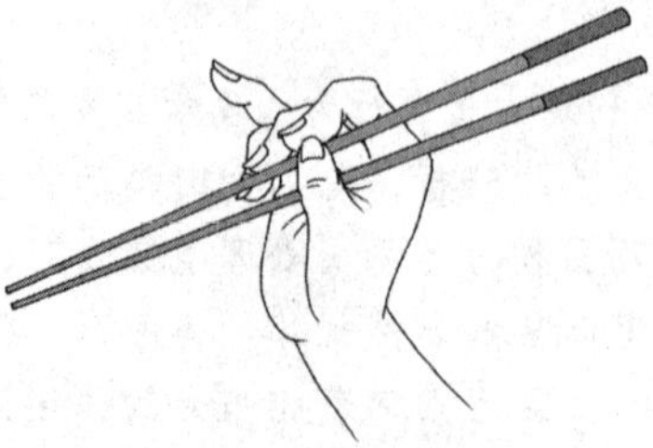

图 11–3

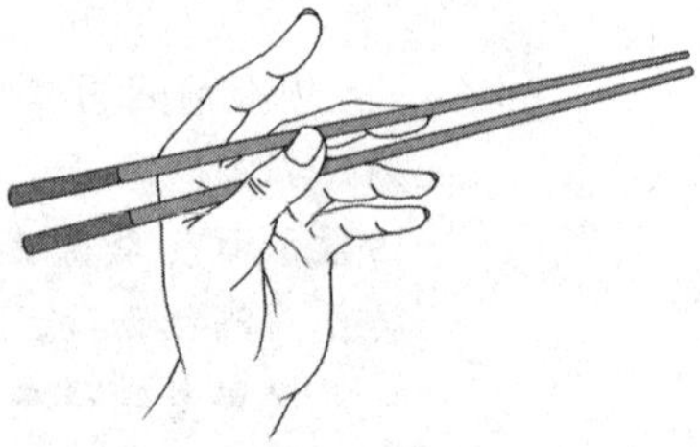

图 11–4

爱挑食的人

爱挑食的人可能比较固执。他们会因为琐事与人争得面红耳赤，而且必须得出一个结论来。他们心思细腻，富有条理，善于选择，凡是经过他们精心挑选的东西，无论是职业、房屋，还是其他，一般说来都是相当不错的。

饮食随便的人

对所吃的食物不加以选择，来者不拒；或者吃饭时间缺乏规律，饥一顿饱一顿。这种人大多在生活上很随意，在工作上很卖力。他们可能习惯凭情绪处理事务，生活方面伸缩性很大。一般不善于守时守约，委托他们办事要多多叮嘱，随时提醒，否则他们就可能忘得一干二净。不过，在工作方面，他们干起活儿来非常拼命，能够及时甚至提前完成任务，容易得到上司的赏识和同事的敬佩。在交往方面，他们精力旺盛，待人亲切豪爽，不拘小节，是交际场合的活跃分子，朋友很多。

定时进餐的人

他们会选择科学、合理的时间进餐，在固定时间进餐会使他们觉得很开心。他们一般都是理性主义者，生活非常有规律，会把时间安排得无懈可击。这样的生活需要出色的自我调控能力，也需要很强的毅力。

喜欢独自进餐的人

这种人不喜欢宴会，也不愿意与陌生人同坐一张桌子。他们可能讨厌无聊的应酬，有些自命清高，人际关系比较淡泊。不过，他们性格坚强，做事稳重，责任心强，表里如一，信守诺言，工作表现常常很出色。在家庭里面，他们往往是十足的模范孩子、模范父母等，让人很有安全感。

喜欢站着吃饭的人

这种人对吃很不讲究，只要能填饱肚子就可以，力求简单、方便，既省时又省力。他们的性格一般比较温和，往往缺乏大的抱负，很容易满足。心地很好，懂得体贴别人，为人慷慨大方，很受欢迎。

边走路边吃东西的人

总是来去匆匆，像是时间很紧张的样子。实际上，他们的紧张不见得是因为工作太多、任务量太大，很有可能是他们自己缺少规划而造成的。他们大多比较容易冲动，感情用事，做事缺乏程序。

边做事边吃饭的人

这种人事业心很强，不追求享受，如果不吃饭也可以活着，那么他们一定会放弃这一很耗费时间的活动。一般来说，他们的生活节奏很快，时间表总是安排得满满的，但他们并不以此为烦恼，反而觉得很充实。这类人有野心，善于规划，大多可以美梦成真。

吃饭时滔滔不绝地说话的人

在饭桌上说个没完，好像在开座谈会似的，不管有没有人听。这种人一般性子很急，做事勇往直前，雷厉风行，与人相处时可能会显得咄咄逼人。不过，他们非常善于钻研，容易获得成功，很可能在几年时间内就完成一般人十几年才走完的路程。

吃饭时闷声不响的人

低头吃饭，目不斜视，很少与人搭话。这类人往往性格内向，可能还有些孤僻，在人群中显得胆怯、害羞，不善交往。冷静客观，不容易冲动，防御心理很重。

吃东西毫无节制的人

看到喜欢的就一定要吃个够，从不控制食欲。这一类型的人一般豪爽开朗，坦率耿直，喜交天下朋友，人际关系非常好。他们不掩饰自己，喜怒哀乐全都写在脸上，这样很容易得罪人。不过，他们做事认真，以身作则，严于律己，再加上具有一定的组织能力，所以往往能够深得人心，适合做领导。但是，由于他们一般城府不深，所以不容易做得很大。

有个别人的贪吃属于另一种情况。这种人很贪心，在潜意识里用贪吃来填补贪欲。这类人往往好高骛远，不够脚踏实地，内心比较脆弱。

狼吞虎咽的人

风卷残云，扒拉两下子就算吃完了一顿饭。这样的人大多精力旺盛，性情豪爽，待人真诚、热情，做事干脆、果断，不拘小节。有很强的竞争心理和进取精神，往往是工作狂，干起工作来不要命，总想在尽量短的时间内完成该做的事，否则就会心绪不宁。自我意识较强，有时候会独断专行。胸无城府，遇到合适的人可以推心置腹。

细嚼慢咽的人

悠然自得，一副“泰山崩于前而面色不变”的神态。这种人一般非常谨慎，遇事冷静，很少判断错误。他们做事周密严谨，不打没有把握的仗，成功率较高。但他们可能应对突发事件的能力较差，最害怕遇到意外情况。他们比较挑剔，对人对己都严格要求，有时甚至达到苛刻、残酷的程度。不过，他们心思细腻，做事牢靠，守规矩，人际关系很稳定。

如果一位女性吃饭特别慢、非常仔细，就像欣赏艺术品似的，那么她往往属于贤妻良母的类型。她们会把家里所有的事情都安排得有条不紊，娶她们为妻，可谓三生有幸。在工作方面，她们善于洞察他人的内心世界，比较适合从事外交等方面的工作。

乱加调味品的人

有的人吃东西口味较重，食物一上桌，就按自己的口味胡乱添加各种调味品。这种人可能比较任性，不善于体谅他人。也可能喜欢冒险，不甘心平平淡淡的生活，做事草率，不够周全，容易由于没有把握好火候而给自己和别人带来麻烦。

切食物的方式

某些食物需要在餐桌上切了之后再吃，比如牛排。不同的切法可以大致反映出不同的性格。

由左端开始切，切一块吃一块。这种人往往非常重视形式，遵守传统和规矩，也许有些主观武断，喜欢强迫别人听从自己的想法。勤俭节约，物质要求不高，安贫乐道。

从右端开始切，切一块吃一块。这种人往往性格温和，容易为对方着想，喜欢与人亲近，心里有意见不会随便表现出来，总是能与大家和谐相处。在家庭中对伴侣比较顺从，家庭生活非常和睦。

全部切完后，再一块一块吃。这种人大多比较传统和保守，处事小心谨慎，不经深思熟虑决不贸然行事，不会轻易地得罪人，比较机智和圆滑。但可能内心里比较急躁，对任何东西都有一种天生的占有欲，好的东西如果拿不到的话，会不顾一切去想办法；想要做的事情，不管遭到多少反对，也会一意孤行去做。

从中间开始切，并从中间开始吃。这可能是个利己主义者，凡是他认为对自己有利的事情，都会坚定不移地去做，甚至不管会对他人造成什么样的影响。行动能力强，善于社交，喜欢广结人缘。

只切一小块吃。这种人很可能是个彻底的现实主义者。他们善于安排自己的生活和工作，善于调节情绪和状态，社交能力比较强，跟谁都合得来。

吃鱼的顺序

先吃鱼头。这种人往往性格强悍，只要是他看中的东西，不得手便誓不罢休，属于积极进取的乐天派人物。

先吃鱼腹。这种人可能非常热爱生活，对吃的、穿的一点儿也不吝啬，只要喜欢就掏钱买，喜欢把生活装点得丰富多彩。

先吃鱼尾。是标准的理性主义者，比较仔细，也可能有点吝啬，甚至买碗泡面也要考虑到底是买碗装（较贵，但不需洗碗），还是袋装（较便宜，但是需要用洗洁剂洗碗）。

没有特定部位，到处乱吃。他可能是那种时常忙到三更半夜，却仍做不出效果的人。做事漫无目标，缺乏规划，也不善于理财，容易使自己的生活、事业一团混乱。

吃饭时特别整洁的人

这样的人对进餐环境和餐具的清洁非常讲究，一般不会去那些脏乱差的餐馆。就餐时也很整洁，即使一根鱼骨头掉在桌上，也要捡起来放到碟子里，以便服务员收拾。他们一般生性严谨，生活很有规律，工作有条不紊，能够尊重和体谅别人。

准备工作全都做好以后，坐下来慢慢吃

这种人非常讲究程序化，思维缜密，一般做事滴水不漏。做事之前，他们总是会花大量时间去思考，把所有可能出现的问题都想得一清二楚，然后做出相应的准备工作，最后才会正式动手去做，成功率相当高。不过，他们往往很害怕有意外的事情发生，如果那样，他们会手足无措，不知如何是好。

不喜欢吃饭的人

这种人一般胃口不好，把吃饭当成必须要完成的一项任务，甚至像是得了厌

食症。他们可能也会对其他的事情感觉索然无味，情绪消极，容易顾影自怜。他们有着强烈的求知欲，但过于谨小慎微，总是担心在求知过程中受到伤害，所以常常在行动上缩手缩脚。

饭量很小，吃一点就放下碗筷的人

别人刚刚吃了半饱，他们就已经放下了筷子。这种人性格大多传统而保守，不喜欢新鲜与刺激的事物，一举一动都非常小心谨慎，墨守成规，凡事喜欢按照旧的方法去完成。有的人安于现状，做事稳妥有余而冲劲不足，因此不适合创业，只适合守业。若为女性，则一般为家庭妇女类型。

吃完就走的人

吃完就走，不等候其他进餐者。这种人大多喜欢独来独往，可能有点自视甚高，过于注重自己的感受和想法。这种人往往以自我为中心，喜欢索取，不愿回报，可能人际关系不好。在事业上孤军奋战，不容易获得成功。

吃法变幻不定的人

这种人会因为时间、地点的不同而改变吃饭方式，没有固定的习惯。他们往往性情多变，生活、工作的方式缺乏稳定性，不容易适应社会，可能因无法与他人合得来而遭误解。

只尝味道的人

这类人偏向保守、安于现状，对未来没有更高的追求，不喜欢尝试新事物。如果是女人，可能善于持家，属于典型的家庭主妇型。

第二节 饮食偏好

口味重的人

喜欢吃很咸、很辣、很酸或者刺激性的东西，也就是人们常说的“口重”。这种人一般性情激烈，爱憎分明，敢想敢为，城府不深，不喜欢压抑自己的感情，伤心了就放声大哭，高兴了就朗声狂笑。

喜欢吃刺激性食物（比如香椿、辣椒）的人往往善于思考，喜欢读书。遇事能够镇定自若，有主见，善决断。一般不屈从权威，不随波逐流。在人际交往方面，他们可能性格强悍，吃软不吃硬，可能有爱挑别人毛病的坏习惯，抓住别人的缺点不放。

爱吃面食的人

喜欢不喜欢吃面食，往往与出生地有一定关系。如果在同样的条件下，一个人更喜欢吃面食，那么他可能性格更外向、开朗，在社交圈中能说会道，左右逢源，善于与人沟通，乐于帮助他人，也会接受他人的回报，知心朋友很多。不过，他们有的喜欢夸夸其谈，不顾及影响；做事的意志不够坚定，容易半途而废。

喜欢吃大米的人

是不是喜欢吃大米，与出生地也有一定关系。如果在同样的条件下，一个人更喜欢吃大米，那么他可能较为高傲，喜欢自我陶醉。在人际关系方面，他们处事比较得体，但也可能过于独立，互助精神比较差。

爱吃巧克力的人

大多冷静、理智，思维严密，逻辑性强，善于制订计划，做事既系统又有条理，适合从事一些周期长、烦琐和不易把握的工作。一般具备一定的组织能力，善于协调，能够成功地领导一个集体。但也可能有些保守，对于新事物、新思想抱谨慎态度。

爱吃奶油类食品的人

这种情况以女性居多。她们大多富于浪漫情怀，乐观积极，心里充满阳光。喜欢幻想，遇到新鲜刺激的事情会欣喜若狂。但有时对现实的把握并不准确，感情比较脆弱，受到挫折时，情绪波动比较强烈，甚至一蹶不振。

喜欢吃烧烤的人

他们往往喜欢凑热闹，特别喜欢大型的户外活动。如果不能到户外去，他们可能会在阳台或楼顶摆上烤架，别有情调地自烧自吃。他们往往性格外向，待人热情，不拘小节，喜欢结交新朋友。积极进取，不满现状，但有些人可能性情急躁，做事马虎，容易惹麻烦，缺乏当机立断的勇气，不太适合做领导者。

喜欢吃荤类食物的人

这种人往往活力十足，富于进取精神。有成为领袖的强烈欲望，喜欢支配他人，但不会颐指气使，不容易让人厌烦。一般看上去憨厚老实，在社交圈中活跃，容易与人谈得来，更容易让人产生信赖感。

喜欢吃素类食物的人

大多比较内向、冷静，自我控制能力强，喜静不喜动，不善于与人亲近，耐得住寂寞。一般不太注重人际交往，情愿独来独往，凡事都依靠自己的力量。自我意识较强，很清楚自己需要什么，能够进行明智的选择，禁得起诱惑。富于创造性，外表看来生活得平淡无奇，实际上活得有滋有味，乐趣无穷。

喜欢吃较干食物的人

这种人往往性格内向，有些孤僻，可能常常会陷入激烈的自我矛盾当中，而且是莫名其妙的。不过，无论内心冲突多么激烈，他们都很少流露出来，更倾向于独自化解。他们可能不喜欢交流，也不善言辞，所以总是形单影只。在人际交往上，他们比较温和，不轻易动怒，但发起火来有时也如同火山喷发，难以收拾。

喜欢吃冷冻食品的人

这种人往往对大自然怀有浓厚兴趣，喜欢呼吸新鲜空气，热衷于各种可以与大自然亲密接触的活动，如野营、登山等。他们性格刚毅，意志坚定，认准目标后能够坚持到底，决不放弃。一般不喜欢表现自己，寡言少语，待人比较淡漠，显得不容易亲近。实际上，他们相当真诚，忠实可靠，朋友不多，但都是知交。

喜欢吃熟透了的食物的人

一般而言，这种人性情温顺，待人随和，不拘小节，与任何人都能打成一片，是交际圈中的主角。敢于大胆梦想，喜欢设计未来，但是在追求理想的过程中可能缺乏持之以恒的精神，容易半途而废。不过，他们随遇而安，对于梦想能否实现并不怎么计较。

喜欢吃生食的人

比如喜欢吃生菜、生鸡蛋，甚至生肉，爱喝生奶。他们往往性格强悍，体魄强健，很有英雄气概，无论男性还是女性都可能极具魅力。

对腌制食品的态度

喜欢吃腌制食品的人，往往成熟稳重，做事有计划，按部就班，埋头苦干，很少会出现错误，让人有信任感。不过，他们对人太冷漠，过于功利化，认为人与人的交往大多是为了相互利用，所以很少有真朋友。

不喜欢吃腌制食品的人，可能开朗乐观，心胸宽广，待人热情，无论在哪里都能找到可以畅谈的朋友。工作方面，往往有锲而不舍的毅力，吃苦耐劳，但是可能想法太多变，容易忽然之间改变方向，影响事业的拓展。

喜欢吃什么样的鸡蛋

喜欢吃熟透了的鸡蛋的人往往见多识广、博闻强识，城府较深，缺乏温情，不容易被外界所打动，更不容易被人了解和把握。他们善于保护自己，带有一股神秘感，再加上他们的老练与严谨，很容易成为领导者。

喜欢吃半生不熟的鸡蛋的人往往看起来很倔强，实际上内心脆弱，容易向困难低头，难以完成高难度或较为持久的工作。不过，他们一般很受朋友的欢迎，因为他们性格温和，待人热情，一点小小的事情也会让他们感动不已，很有人情味。

喜欢吃荷包蛋的人大多文质彬彬，谦恭有礼，不招摇，言行得体。但他们过于随和，不善拒绝，总是被琐碎的小事纠缠，很难解脱。

喜欢吃煎鸡蛋的人通常积极乐观，对未来充满了憧憬，进取心很强，而且敢于放开手脚。在人际交往方面比较谨慎小心，遇事会仔细分析利弊，不会冒失，即使因为多虑而错失良机，也不会后悔。一般说来，他们的生活和事业都会按照预先的设计和安排进行，显得丝丝入扣、有条不紊。

喜欢吃炒蛋的人往往不喜欢张扬，也不愿意引起他人的注意，讨厌招摇过市。一般沉着冷静，遇到问题能够进行细致的分析，是非分明，能摆出明确的立场。善于交际，很注重感情，别人对他好一分，他会回报十分，不过，对他人的侵犯也可能会给予狠狠的回击。不拘小节，能与朋友保持长期的友谊。

喜欢吃油炸食品的人

可能不太注意养生保健，生活随意，不拘小节。富有冒险精神，有干一番大事业的强烈愿望。不过，他们中的一些人往往毅力不足，情绪波动大，一旦遇到挫折就容易灰心丧气。

喜欢吃甜食的人

喜欢吃甜食的人以女性居多。她们大多带一些孩子气，热情开朗，心思纯净，想哭就哭，想笑就笑，给人一种很天真和直率的印象。有的人喜欢以自己为中心，缺乏理性，感情用事，比较任性，喜欢回忆美好的过去。在事业方面，她们不太适合那种需要理性才能做好的工作，更适合演艺、时装、服务等行业。爱吃甜食的男人较少。他们往往性情温和，可能很会说甜言蜜语。

无论男女，喜欢甜食的人都可能爱听奉承话。他们比较敏感，心思细腻。很在意别人的眼光，善于从别人的言行之中体察出言外之意，却也常常曲解他人的劝导，将善意当成不怀好意。一般自我保护意识强，比较多疑，不会凭第一印象来评价一个人，不会简单地信任别人，只有运用真才实学才能让他们信服。虽然可以做到认真听取不同的意见，但是不容易被采纳。在工作上，他们容易得到上司的青睐，升迁的机会比较多。

喜欢吃零食的女性

嘴巴不停、零食不断的人，往往可能口无遮拦，有口无心，容易给人一种心直口快的印象。他们意志不坚定，容易妥协，常常喜欢不断地寻找理由和借口安慰自己。有些人视野比较狭窄，不能参与激烈的竞争，喜欢撒娇，很难缠。

第三节 烹饪及三餐习惯

不喜欢自己烹饪的人

如果不是事业心过强，太忙，那可能就是懒惰。他们不懂得节俭，有钱就到饭店里满足口福，没钱则吃速冻食品，或者等着别人做饭。这种人可能大多缺乏冒险精神，喜欢随遇而安，在困难面前不够勇敢。对待新鲜事物往往缺乏好奇心，缺乏创意。总想得到贵人的帮助，在他人面前有时会显得唯唯诺诺。

喜欢自己烹饪的人

这一类型的人大多不甘平庸和寂寞，总是想方设法地给平淡的生活添些亮色。他们一般想象力丰富，善于给亲人和朋友制造意外的惊喜。在事业方面，他们目标远大，能够为此而不断拼搏。可能自我意识和独立意识都很强，不会轻易相信任何人，更不奢望依靠别人来达到自己的目的。他们大多自信，即使身陷困境，仍然坚信自己会有美好的未来。

喜欢做美食，并精雕细琢的人

脚踏实地，亲力亲为，对工作和生活充满热情，做事认真努力，讲究实际，具有无私奉献精神。

喜欢向美食家讨教的人

这一类型的人大多比较开朗、宽容，最大的优点是能够虚心向人求教。他们实事求是，敢于承认自己的不足。判断力很强，能够真诚接纳他人的意见和建议，但一般并不会全盘接纳，而是会进行有针对性的取舍，得出最完美的结论。无论在工作还是生活上，他们常常能够事半功倍，多、快、好、省地实现自己的目标。

凭感觉烹饪的人

不会向人请教，凭感觉自己来。这种人一般容易感情用事，虽然胆子大，但是禁不起打击，比较善变。他们可能不愿意受到他人的约束和限制，更不喜欢受到干预，习惯按照自己的性子办事。他们喜欢随心所欲地做自己想做的事情，不会轻易答应别人什么，除非自己有那份闲情逸致，而且有十足的把握。他们往往待人疏远，但心地善良，多愁善感，甚至会为他人的不幸而悲伤。然而奇怪的是，即使为别人的不幸感到悲伤，他们还是不太愿意伸手援助，其原因也许是习惯于独来独往，一时改不过来。

总是回家里吃饭的人

传统，稳定，可靠。他们一般对家庭是相当重视的，责任心很强。他们多有同情心，待人平等，不太喜欢被人照顾和伺候，否则可能会感到不自在，他们更倾向于自己动手。在工作上，他们一般很务实，不慕虚荣，很受同事和上司的重视。

喜欢在餐厅里吃饭的人

大多比较懒惰，喜欢享受。如果经济条件并不算很好，那么他们往往生活散漫，不善于照顾自己，也不善于照顾他人。他们可能心怀奢望，希望他人能够体会到自己的苦恼，主动前来关心和照顾自己。一般不喜欢主动付出，总是在他人已经付出之后，才会行动起来。

经常有饭局的人

这样的人大多属于外向型，而且人际关系处得相当不错。他们要么在一方面具有突出的才能，要么就是具有一定的权力和地位，所以别人总是需要他帮忙。如果两种情况都不是，那么此人可能深谙人情世故，处世非常圆滑老练，日后会有出人头地的机会。

习惯于自己带饭吃的人

用饭盒带饭到单位吃，这种人非常传统，可能性格有点固执，而且很节俭。一般对外界的变化置若罔闻，拒绝承认时代的变化，喜欢遵从自己的习惯和做法。他们一般都很倔强，但是忠厚坦诚，吃苦耐劳，在工作上相当可靠。

总是要求别人请客的人

这样的人很不成熟，比较儿童化，总是希望别人把自己当作孩子一样地宠着。他们可能对自己、他人和工作都缺乏责任心，依赖性很强。往往不能妥善安排自己的生活，可是又贪图享受，人际关系可能不好。

没有吃早餐习惯的人

可以分两种情况。一种是时间表安排得太满了，实在是没有时间吃早餐。这种人事业心和责任心往往很强，敢想敢做，善于取舍，能够为了更有意义的事情而做出适当的牺牲。

还有一种情况，就是起床太晚，没有时间吃早餐。这可能是因为前一夜工作得太晚太累，也可能是因为懒惰，总是懒在床上耗时间。

几乎只吃晚饭的人

这种人一般对自己很苛刻甚至于残酷，他们有着非常远大而艰巨的目标。他们多数功利心极其强烈，总是提醒自己朝着目标努力，并向自己强调如果达到目标可以得到什么样的荣耀。另外，他们的精神生活可能很丰富，大多受过相当高程度的教育，有一定的思想水平。

第十二章

酒与咖啡

酒品见人品　咖啡识人心

对人来说，喝与吃同样重要，都能对生活习性有所反映，而酒作为能令人兴奋的饮品，更能透彻地暴露出一个人的性情。在当代社会交往中，酒作为人际关系的催化剂，对于拉近距离或辨别某个对象起到了相当重要的作用。咖啡相对来讲并不普及，偏爱咖啡的人很易于识别。

第一节　选择什么样的酒

喜欢喝白酒的人

这种人往往喜欢社交，具有很强的同情心，善于调和各种矛盾，因此经常扮演好好先生的角色。他们可能喜欢听奉承话，尤其是在酒桌上，如果别人在恭维一番后提出要求，他们往往会因为面子软而拒绝不了本来应该拒绝的事情。这种人一般有同情弱者的习惯，关心女性和下属，很受拥护。但是他们可能不善处理与上司的关系，很难得到上司的信赖。

喜欢喝鸡尾酒的人

他们往往很有气质，责任感强，在工作和生活中能够充分发挥自己。行为举止有分寸，很得体，人际关系比较好。他们可能并不喜欢喝酒，只是在刻意制造一种气氛。

喜欢喝洋酒等高档酒的人

大部分酒民只把喝酒当作放松自己或者沟通感情的工具，不怎么关注酒的身价，除非是请特别要好的朋友或尊贵的客人喝酒。有些人，尤其是年轻人，对价格昂贵的洋酒很热衷。在他们看来，喝洋酒是一种身份和地位的象征，所以喜欢用洋酒待客，以便显示自己的富有或自认为不俗的品位。如果他自己平时也喝洋酒，那么他一定向往豪华奢侈的生活，而且往往有一定的门路。比如，他们的洋酒很可能是别人送的，或者他挣钱比较容易。这种人一般思想新潮，衣着讲究，愿意做轰轰烈烈的大事，但往往不踏实，容易摔跟头。

喜欢喝啤酒的人

喝啤酒是心情愉快的一种表现，而在悲伤和苦闷的时候，啤酒往往会让位于白酒。喜欢喝啤酒的人通常比较淡然，心胸宽广，待人坦率。在饭桌上，如果他们频频劝对方喝啤酒，那么他的心境一般比较单纯，希望对方像自己一样快乐，希望双方能进行愉快的交谈。

喜欢喝威士忌的人

这种人适应能力强，很希望到处闯荡，盼望着能够赚大钱、出人头地。具体说来，不同的喝威士忌的方式，大致体现出不同的性格。一是喝稀释的威士忌，这种情况比较普遍。这样的人一般善于把自己的想法充分地传达给他人，人际交流舒畅，能与很多人搞好关系。二是在威士忌中加冰块。这种人的语言表达能力往往比较差，与人交流不充分。缺乏主见，容易被别人的意见所影响。不过，他们一般善于掩饰自己，在大事面前沉稳镇定，喜怒不形于色，在公司里常常能够到达高位。三是喝纯威士忌。这种人可能敢于冒险，敢于打破条条框框，对于权威毫不畏惧。他们正义感很强，富有创造力，能成就大事业。这种人也许表面待人冷淡，可实际上内心热烈，真朋友不少。

第二节　喝酒时的动作

用两只手抓住酒杯的人

两只手抓住酒杯，会给人一种担心酒杯落地的感觉。这种人在喝酒时往往处于被动状态，很少主动敬酒，更不喜欢说话，在别人热热闹闹地举杯庆贺的时候，他可能闷闷地坐在座位上，一副心事重重的样子。他们大多性格内向，不善言辞，待人谦恭，喜静不喜动，有些缺乏安全感。朋友不多，但可能都是深交。

用手捂在杯子上面

紧紧捂住杯口，好像里面藏着秘密不给人看似的。这种人大都善于伪装，从来不在别人面前暴露自己的真情实感，给人以高深莫测的印象。他们或许缺乏自信，对人很难做到坦率真诚，因为他们害怕受到伤害，怕别人看低自己。长期的封闭可能会使他们的内心变得阴冷，与这种人打交道还是小心为妙。

握紧酒杯，大拇指压住杯口

把整个酒杯紧紧握在手掌里，用大拇指压住杯口。这种人一般都有主见，在酒桌上喜欢后发制人，具有较强的进攻性。他们能够巧妙地应付别人的敬酒，如果不想喝醉，无论如何也不会喝多。他们往往开朗外向，性格豪爽，愿意与人交往，善于扮演活跃气氛的角色。日常生活中可能虽然并不太喜欢说话，但心里有数，什么时候该做什么、不该做什么，总是把握得很恰当。（见图 12-1）

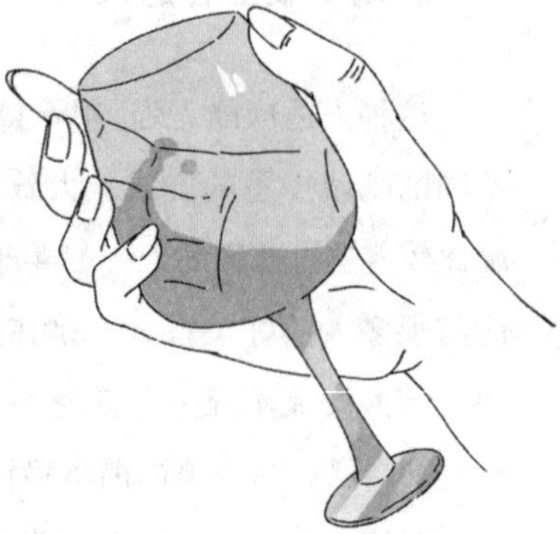

图 12-1

握住高脚杯的脚，食指伸出

一般说来，这种动作有点故意显示高雅和与众不同，其人对金钱、地位、势力也许有很大的欲望，城府较深，善于见风使舵。他们并不希望凭借自己的努力去追求地位，而是想依靠有钱、有势、有地位的人。（见图 12-2）

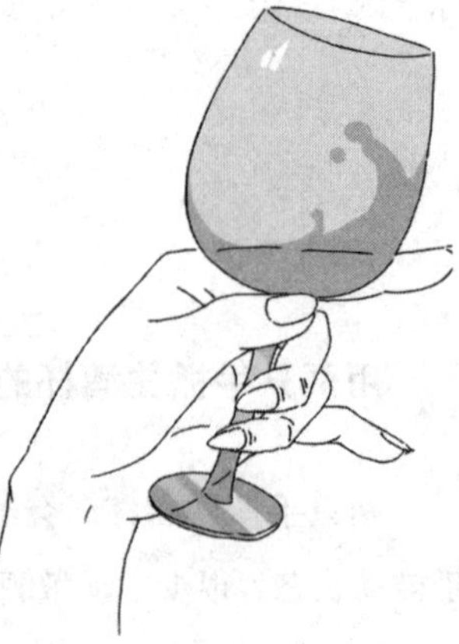

图 12-2

不停地玩弄酒杯的人

一边吃东西或喝酒，一边漫不经心地玩弄酒杯。做这类动作的人往往没有强烈的事业心，整天忙于各种各样的琐事，根本没有精力去思考大事，更不喜欢反省自己。他们虽然在饮酒，但心思早就不知道跑到哪里去了。他们做事难以集中精力，事业上往往非常平淡。

第三节 喝酒时的反应

狂欢豪饮的人

不管多大的酒杯，都会一饮而尽，而且看上去心情极其舒畅。实际上，这种人往往并不是酒徒，不是因为爱好喝酒而喝酒，而是“醉翁之意不在酒”。之所以狂饮，可能是为了抛弃过去，以新的面目面对未来。他们希望通过狂饮让自己改变个性，至少换一种心态。这种人比较单纯，善于配合别人，可能是一个很好的同事或朋友。

不待在固定座位上，四处乱转

分两种情况。一种人生性善于周旋，在宴会上喜欢四处走动，给人斟酒，调解纷争，给宴会增加活跃的气氛。这种人往往口齿伶俐，能言善辩，解决问题的能力比较强。

另一种人不是这样，他们是喝醉了之后才开始四处乱转。他们往往不善交际，叛逆心很强，凡事不愿落人俗套，不愿拘泥于某个固定的场所、角色、职业等，总是希望能有所改变，希望能活得更畅快一些。如果他转出去之后，干脆留在了别人的位子上，直到宴会结束也不返回的话，那么他很可能不喜欢自己原座位对面的人，对他不满或怀有自卑感。

喜欢劝酒的人

喜欢劝酒的人往往性格外向，待人热情，积极主动；也可能情绪易于激动，兴奋起来把持不住自己。如果不但劝酒，而且喜欢拼酒，那么他们的性格除了前面所说的之外，可能还隐藏着强悍的一面，真正的性格可能是冷漠无情的，而且具有侵略性。

一喝就醉的人

这种人要么是酒量极差，要么就是借喝酒的机会改变一下自己的形象。后者的内心往往比较孤独，不喜欢和一群人在一起玩闹。不善于表现自己，虽然心地不错，积极肯干，但是有些自我，容易得罪人，所以可能朋友不多，社交圈狭窄。这种人在日常生活中可能总是觉得不自在，想有所表现却又觉得不安，所以才借着喝酒的机会来发泄一番，争取改变平日里留给大家的印象。

一醉就哭的人

平日看起来很开朗，一喝酒就掉眼泪，甚至放声大哭。这种人可能是典型的浪漫主义者，感情丰富而细腻，但比较柔弱。在日常生活中，他们一般表现得非常谨慎沉稳，尽量克制自己，一旦打开闸门，就会无法抑制。

酒后更有礼貌的人

平时不见得很讲究礼节，可是喝醉之后反而喜欢向人鞠躬打拱，而且念念有词，极有礼貌。这种人往往酒量很大，韧性很强，富于行动力。要注意的一点是，他们在醉酒时既可能变得礼貌，但也可能变得非常粗暴。

喝醉后呼呼大睡的人

醉酒后倒下就睡，甚至在酒桌上就能睡着的人，多半性格较为内向，缺乏主见，意志薄弱。他们一般性格柔顺，尊重传统，中规中矩。在人际交往上，他们往往避免与人发生冲突，缺乏应有的原则和魄力，大多以好好先生的姿态出现。不过，在异性面前，他们可能会变得收放自如，善于赢得异性的青睐。

酒后变得活泼善谈的人

平日沉默寡言，但喝酒后却变得很爱说话。这种人在平日里的心理状态一定非常紧张，于是借酒放松自己，展现自己生动活泼的一面。他们多属于在社会中信誉度较高的人，平时比较稳重，做事严肃认真，待人礼貌而讲究原则。他们因此而赢得了尊重，但也可能因此而得罪了一些人，更增加了心理压力。

酒后沉默寡言的人

与上面的人相反，这种人喝酒后不但不会活跃起来，反而会变得木然、阴沉。如果这种情况只是偶尔出现，那么他可能遇到了烦心事；如果每次喝酒都这样，那么他可能缺乏自信，总是觉得心里不踏实，精神方面很不稳定。他们比较内向，不愿意让周围的人看懂自己，所以平时会特意表现得很坚强、很能干，而喝醉的时候就会暴露出真实的心理状态，变得沉默寡言。

酒后变得很凶的人

平时老实巴交，不爱说话也不显眼，喝了几杯酒，就变得很凶，到处发怨气，像是要找碴打架一样。这种情况又被称作“酒乱”。酒乱者在日常生活中往往谨小慎微，唯唯诺诺，对长辈和上司言听计从，做事兢兢业业，却不见得受到赏识，处于最底层，所以压抑感非常强烈。喝酒之后，他们可能会控制不住自己日积月累的狂暴情绪，直言不讳地攻击上司、长辈或同事，与平时判若两人。

不喝醉的人

这里不是指酒量极大喝不醉的人，而是指那些在喝醉前就及时收场的人，无论怎么劝酒，他们都会以各种理由坚决推辞。这种人往往对外界存有防备心理，警惕性很高，也可能是没有融入宴会的热烈气氛之中去。他们不喜欢与不熟悉的人深交，总是将自己的真情实感掩藏起来，即使酒后也不会吐真言。如果一个人从不喝醉酒，那么他往往性格冷静，自制能力很强，在人际交往方面相信“君子之交淡如水”，虽不够热情，但是信守承诺，做事有条理，为人可靠。

第四节　喝咖啡

喜欢喝咖啡的人

喜欢喝咖啡但并不熟悉咖啡的人，大多很看重情调和品位，可能还有些自命不凡。他们往往很自信，但有些人不能实事求是地摆正自己的位置，无论面对什么人都喜欢高高在上，显得咄咄逼人，所以这类人不太受欢迎，朋友很少。这种人一旦失意，可能会怨天尤人，感叹世态炎凉、人心叵测，很少反思自己。

并不是所有喜欢咖啡的人都是这种性格。有的人喝咖啡是为了提神，是为了在非常困倦的时候坚持工作。这种人非常忙碌，工作上的竞争非常激烈。也有的人就是喜欢咖啡的味道和感觉。

喜欢速溶咖啡的人

这种人时间观念很强，轻易不会浪费半点时间。在工作方面，他们可能喜欢一蹴而就，急于见到成果，反而忽略其品质，最后也有可能欲速则不达，费力耗神得到的成绩并不理想。由于缺乏足够的耐性，他们不太适合从事需要精益求精的工作，也不太适合从事规划性的工作。他们不善于长年累月地朝一个固定的目标进发，不容易成就大事业。

喜欢亲自磨咖啡豆的人

这种人往往个性鲜明，充满自信，独立自主，不受人摆布。对他们来说，没有什么事情是不能尝试的，没有什么是不能颠覆的，所以他们敢于放开手脚，充分发挥自己的才能。他们喜欢挑战权威，而且往往有理有据，令人由衷地感到敬佩。他们虽然大胆，可并不莽撞，而是非常踏实，办事有条不紊，追求至善至美。

喜欢过滤咖啡的人

这是一种最单调、最浪费时间的煮咖啡方式。习惯于这样煮咖啡的人，生活和事业方面大多比较顺利，有较高的生活品位，时间也很充裕。对于自己希望拥有或已经拥有的东西，他们可能会特别关注，舍得投入，而且愿意为此而推迟满足感的到来。他们一般是完美主义者，认为既然想拥有，就一定要最好的。

喜欢新奇的混合式咖啡的人

他们可能不满足于自己只是一个平凡的普通人，希望能够把自己塑造成一个与众不同的人物，为此，他们不惜花费大量的时间和精力。为了吸引他人的关注，他们可能会刻意地制造“独特”的观点和行为方式，不过有时很难如愿以偿。